Mr.Know All 浩瀚宇宙

小书虫读科学

月亮会不会掉下来

《指尖上的探索》编委会 组织编写

作家出版社

策划出品 悦读名品　图片服务 悦读名品 123RF

　　月球自古就被看作是一个神秘美丽的存在，承载着嫦娥奔月的美好愿望，又寄托着离家游子的辗转乡思。作为离地球最近的天体，它高悬于天际，夜间为人们照亮回家的路。本书针对青少年读者设计，图文并茂地介绍了以下这五部分内容：沉寂的月球、月球的地形地貌、月有阴晴圆缺、月球、太阳和地球、一步步走向月球。究竟月亮会不会掉下来呢？阅读本书，你可以自己探索出答案。

图书在版编目（CIP）数据

月亮会不会掉下来 /《指尖上的探索》编委会编. --
北京：作家出版社，2015.11（2022.6重印）
　（小书虫读科学）
　ISBN 978-7-5063-8497-1

Ⅰ．①月… Ⅱ．①指… Ⅲ．①月球—青少年读物
Ⅳ．①P184-49

中国版本图书馆CIP数据核字（2015）第278700号

月亮会不会掉下来
————————————————————————————

作　　者	《指尖上的探索》编委会
责任编辑	杨兵兵
装帧设计	高高 BOOKS
出版发行	作家出版社有限公司
社　　址	北京农展馆南里10 号　　**邮　　编** 100125
电话传真	86-10-65067186（发行中心及邮购部）
	86-10-65004079（总编室）

E-mail:zuojia@zuojia.net.cn
http://www.zuojiachubanshe.com

印　　刷	北京盛通印刷股份有限公司
成品尺寸	163×210
字　　数	170千
印　　张	10.5
版　　次	2016年1月第1版
印　　次	2022年5月第2次印刷

ISBN 978-7-5063-8497-1
定　　价 33.00元

目录 Contents

第一章 沉寂的月球

第二章　月球的地形地貌

第三章　月有阴晴圆缺

第四章　月球、太阳和地球

第五章　一步步走向月球

从小到大，我们耳濡目染了太多关于月球的传说和神话——"嫦娥奔月""玉兔捣药""吴刚伐桂"……于是每每皓月当空之际，我们总会怀着一种敬畏神秘的"虔诚"来欣赏夜空那一轮明月。但随着登月计划的陆续实现，人们已经用自己的双手揭开了笼罩在月球身上的朦胧面纱——那里没有月宫，没有嫦娥，没有捣药的玉兔，更没有日日不休的吴刚！有的只是那满目的荒凉和骇人的沉寂。就让我们一起科学地看待月球，去看看神话背后的真实月球吧！

第一章

沉寂的月球

1.什么是月球

月球是距离地球最近的天体，平均距离只有39万千米，这在茫茫宇宙的天体之中真的算是"亲密"了。同时它还是地球唯一的一颗天然卫星，每天都勤守岗位，绕着地球公转，并用如水的柔光为人们"照亮"回家的路。科学家曾经做过定量的分析，月光的亮度大约是阳光亮度的1/465 000，而照度大约相当于100瓦的灯泡在21米的远处照射的效果。那么月球的构造是否和太阳类似呢？其实不然，月球自身并不会发出光亮，它只是阳光的"搬运工"！然而这个"搬运工"又和镜子反射阳光有着些许的不同，它只是把阳光照射在其表面的很少一部分（大约7%）反射到太空中，也就是说它每时每刻都同地球一样在接收着太阳大量的热量。那么，月球表面是不是也同地球表面一样温度怡人呢？恰恰相反，白天被太阳照射时它的表面温度可以达到127℃，而夜晚时又会剧降到零下183℃，这又是为什么呢？原因有多种，首先月球表面没有大气层，就像一个没盖锅盖的水锅一样，热量聚集和散失都很快，同时比热容低和导热率低也是其温度变化剧烈的原因之一。

月球表面的重力只有地球的1/6左右，也就是说在月球表面你可以轻松地成为一个大力水手和跳跃达人。怎么样？有没有一种跃跃欲试的冲动呢？

 ## 2.月球到底离我们有多远

我们在地球上仰望夜空，月球总是高高地挂在深远的夜幕之上。这颗夜晚常见的星球，每晚东升西落，位置也随季节的变化而变化。我们对此早就习以为常，也就很少会去想：月球到底在哪里？

其实，月球作为地球唯一的天然卫星，它位处一个我们常人难以到达的远方。月球与地球之间的平均距离约为 384 401 千米，相当于绕着地球的赤道走 9 圈半多。月球就在那么遥远的地方绕着地球旋转。它的轨迹也并不是正圆形，而是更加接近椭圆形。我们把它的轨迹想象成一个平面，这便是月球的轨道平面。月球的轨道平面在天球[1]上截得的大圆，科学家们称它为"白道"。白道平面并不与地球赤道平面重合，它与地球轨道（黄道[2]）的平均倾角为 5 度 09 分。月球在这个轨道上运动一周需要的时间，大概是 173 天。在这段时间里，月球距地球最近的时候，它们之间的距离是 363 300 千米，最远的时候则达到 405 500 千米。

这便是月球相对于地球的位置了。

---

1 天球：为了研究天体的位置和运动而引进的一个假想球，与地球同心，理论上具有无限大的半径。天空中所有天体都想象成在天球上。

2 黄道：地球绕太阳公转的轨道平面与天球相交的大圆。

3.月球是怎么形成的

人类喜欢追根求源，对于一切事物都希望知道它们是怎么来的。但是很遗憾，太多的问题都还是谜团。关于月球的来源，古人通过传说来解释。在中国古代的神话中，盘古大神开天辟地，左眼化作太阳，右眼化作月球。在西方的《圣经》中，上帝创造了两个光体，大的是管白天的太阳，小的是管黑夜的月球。

19世纪末以来，人类通过科学观察和推演，对月球的起源建立了以下四种假说，分别是分裂说、俘获说、同源说和大碰撞说。

分裂说认为，月球本来是地球的一部分，后来地球的转速太快就把这部分甩了出去，变成了月球，而在地球上留下的大坑，就成了现在的太平洋。这是最早解释月球起源的一种假说。俘获说认为，月球是太阳系中的一颗小行星，因为运行到地球附近时，被地球的引力俘获，从而成了地球的卫星。一些科学家则认为月球的引力就像是一个"大吸盘"，它不断地把进入自己引力场中的东西吸聚到一起并形成月球。同源说顾名思义——地球和月球同源同生，它们都曾是原始太阳系中星云的一部分，经过漫长岁月的旋转、吸积之后才变成了今日的模样。大碰撞说则更为大胆，他们认为地球在形成初期曾遭受过一颗大小与火星相近的行星的猛烈撞击！撞击后的行星与地球完美融合，而地球的某部分则被巨大的冲击力抛射到了太空中，进入环绕地球的轨道中，在碰撞后的100年间形成了月球。

目前，大碰撞说是科学界现在最主流的月球诞生理论。但这种理论依旧不能解释许多疑惑。月球到底是怎样形成的，还有待我们去探索。

4.月球到底有多大

站在地球上，月球的大小看上去和太阳差不了太多。但它们实际的体积，相差得却是惊人！如果把地球想象成一只足球，那么月球就是一只小皮球，而太阳则有房子那么大！它们之所以看上去差不多大，是因为太阳与地球之间的距离大约是月球到地球之间距离的400倍，而太阳的直径刚好大约是月球直径的400倍。因为这样完美的巧合，所以在地球上看到的月球和太阳就差不多大了。

我们看到的月球，满月如银盘，新月如弯钩。实际上，从宇宙飞船上拍到的月球就是球形的。和地球一样，它也不是完美的正球体。根据科学家们的测算，月球直径约3 474.8千米，大约是地球的1/4。而月球的体积是2.199×1 010立方千米，大约是地球体积的1/49。月球的表面积是地球的1/14，大约3 800万平方千米，粗略来算，相当于中国国土面积的4倍，但不到亚洲的面积那么大。

想想我们广袤的地球，中国的国土面积，可以推算，月球绝不是我们看到的那么小。它也是个很大的星球呢！科学家们正在努力，希望把月球建成我们人类的第二家园，成为我们探索宇宙的太空基地。

月球不仅体积比地球小，重量也比地球小。在物理学上，人们通常把重量也称为质量。科学家们提供的数据显示，月球的质量在7 350亿亿吨左右，只相当于地球质量的1/80。像月球这样的庞然大物，科学家们是怎么得出它的质量的呢？

如果用天平去称，或者用"曹冲称象"的方法去称，都难以实现。但是，科学家们自有妙法。1687 年，英国伟大的物理学家牛顿发现了万有引力定律，解释了物体之间存在相互作用的引力。这种引力与物体的质量、距离有着某种微妙的联系。科学家们从中找到了计算月球质量的新思路。他们通过计算天体之间的引力，来得到天体的质量，通常需要下面几个步骤。

首先，考虑地球上的物体与地球之间的万有引力，从而计算出地球的质量。

其次，把月球的公转近似看作完美的匀速圆周运动，而我们熟识的万有引力则为此运动提供向心力，从而利用力学方法计算出月球的公转周期和轨道半径。

最后，将地球质量、公转周期和轨道半径的数值代入到万有引力定律算式中，计算出月球的质量。

对于没有学过专业物理知识的朋友，想要理解上面的测量方法，真是太伤脑筋啦！想象一下吧，这个方法中每个数值的取得，都需要花费科学家们很多很多的心血。人类在探索科学的道路上前进得多么不容易，需要付出多少努力，由此可见一斑！我们今天可以很容易知道月球的重量，那是因为我们站在了巨人的肩膀上！

6.月球是什么颜色的

在地球上看月球，多数时候它呈淡淡的黄色或银白色。这是由于月球反射的太阳光，经过大气层的吸收、反射、折射等作用，呈现出了淡黄色或银白色。

月全食时，如果用望远镜观看月球，我们就会发现它呈现出美丽的橙红色。这是由于厚厚的大气层把紫、蓝、绿、黄光都吸收掉了，此时的月球只能吸收到穿透力强的红色光，所以我们在地球上就会看到一轮如血的红色月球。

1972 年 4 月，美国宇航员查尔斯·杜克（Charles M.Duke）和他的同伴们乘坐着"阿波罗 16 号"运载火箭飞往月球，他们在太空中看到的月球则是蓝色的。这是由于身处太空中看月球，不会受到地球大气层的影响。人眼看到的月球是阳光照耀在月球上的效果。月球表面吸收了大部分光线，但反射或散射出波长较短的蓝色光线，因而月球看上去是蓝色的。这跟地球上的海水呈现蓝色有类似之处。

当杜克和他的同伴踏上月球，他们实际看到的月球并不五彩纷呈。据杜克描述，他见到的月球表面覆盖着一层厚厚的尘土，基本上呈现灰色，有些岩石是白色和黑色的。

月球作为我们最为亲近的星球，它仿佛自始至终便挂在那里，亘古不变。但其实"亘古不变"在宇宙中是不存在的，我们的地球母亲也有自己的诞生和灭亡，那么月球的年龄又有多大呢？

美国"阿波罗号"飞船登月后带回了大量的月球岩石样本，而这些样本也成为许多科学家探索月球奥秘的第一手资料。德、英两国科学家经过对该批岩石中的钨182同位素的定量分析，得出了月球的年龄约为45.27亿年的结论，这也是迄今为止有关月球年龄的最精确数据。这个数据的确认在科学界具有深远的意义。首先，它从一个侧面证明了关于月球形成的主流理论——大碰撞理论；其次，大碰撞理论指出地球的年龄和月球相近，月球年龄的确定也可以间接地帮助我们了解地球的形成历史。

虽然德、英两国科学家在给出该数据的同时也给出了详细有力的证据，但是此结论却也并未征服所有的科学家。2013年，卡内基科学研究所的科学家经过细致的推算认为月球的年龄应该是44.5亿年左右，比之前的数据少了近1亿年，并且他们也给出了相应的可信服的证据。

关于月球的年龄科学界还并没有一个所有人都认可的答案，但是相信科学家的一次次努力论证都会让我们一步步靠近最后的真理。

8.月球上有重力吗

地球在宇宙中不停地自转，不难想象：相对于太空中的一个位置，我们在某些时候其实是脚朝上、头朝下的。我们之所以没有一头栽进茫茫的宇宙中，是因为地球对我们有着引力，这种引力就是"重力"。月球对月球上的物体也有着同样的引力——也就是说，月球上也有重力。

月球的重力就是月球对月球上物体的引力。月球的重力跟地球的重力有所不同。同样的物体，在月球上的重力只有地球上重力的1/6。也就是说，如果你在地球上的重力是 60 牛的话，有幸跑到月球上，你就只有 10 牛了。因此，宇航员在月球上行走起来很轻松，轻轻一跨，就走出去很远；轻轻一跃，就跳上去很高。从登月视频中可以看到，登上月球的第一人阿姆斯特朗，在月球上行走时，显得非常飘逸，如果把宇航服换成长衫，一定恍若神仙。

重力作用分布的空间，科学家们称之为重力场。科学家们发现月球重力场分布并不均匀，在一些月海盆地内有重力异常。地球上也有这样的现象。科学家们认为这是由于星球内部质量分布不规则引起的。他们通过测量月球重力场和重力异常的情况，用来校正绕月飞行器的航行轨道。

9.月球上有大气层吗

我们居住的地球被一层厚厚的大气层包围着。大气层对于地球来说无比重要，它为地球上的生物提供了赖以生存的氧气；在地球上形成了风雨雷电，把地球环境塑造得适合生物生存；它又如同防护罩一样，庇护着地球居民免受来自外太空的各种威胁。那么地球的卫星——月球，有没有大气层呢？

严格地说，月球周围也有气体存在。这些气体，一部分来自月球岩石中的放射性元素衰变释放出来的气体，另一部分来源于撞击月球表面的微陨石、太阳风与阳光相互作用释放出的气体。但是，由于月球的质量相对很小，产生的引力小，不能牢牢地把气体吸引住，因此这些气体大多轻飘飘地逃逸到太空中去了。与地球或太阳系里的其他行星的大气层相比，月球的大气真是极度稀薄，几乎可以忽略不计了。科学家们测量的结果显示，月球表面的大气密度几乎是地球海平面大气层密度的 100 万亿分之一。所以，我们通常把月球视为是没有大气层的。

因为没有大气层，人们不能直接在月球上活动。只有借助特制的宇航服，才能保证正常的呼吸。

10.月球上有风霜雨雪吗

风 霜雨雪在地球上是最常见的天气现象了！那么，月球上也有风霜雨雪吗？

对于这个问题的答案，我们可以通过了解这些天气现象形成的原因进行推断。简单地说，风是太阳辐射引起空气流动而产生的，而雨、雪和霜都属于降水现象。地球上的水蒸发之后变成水蒸气，水蒸气上升到高空之后遇冷变成小水滴，降落下来就形成了雨；如果高空的温度很低，水蒸气遇冷变成小冰晶，落下来就形成了雪；如果水蒸气到了低空才遇冷变成小冰晶，降落下来就形成了霜。由此可见，风的形成必须得有空气的流动；而雨、雪和霜的形成离不开大量液态水的蒸发和大气层。我们知道，月球上几乎没有空气，也几乎找不到液态水的身影，而且月球的大气层极度稀薄到了可以忽略不计的地步。因此可以推断，月球上无法形成风霜雨雪。

不难想象，1969 年 7 月 16 日，三名美国宇航员尼尔·阿姆斯特朗、埃德温·奥尔德林和迈克尔·科林斯，搭乘"阿波罗 11 号"宇宙飞船第一次踏上了月球时，一定没有遇到风霜雨雪的阻拦。

11.动植物可以在月球上生存吗

人们常说水是生命之源。有研究表明，月球上有可能存在水，那么既然如此，动植物能在月球上生存吗?

根据科学家们的研究表明，目前动植物还无法在月球上生存。动植物的生存离不开一些必备的条件，如阳光、水和空气等。虽然月球上的白天阳光充足，但由于没有大气和云层，月球的白天无比炎热，到了晚上又极度寒冷，无法满足动植物生存所需要的温度条件。最新对月探测的结果显示，月球上即便存在水，也少得可怜，这些少得可怜的水以固态形式存在于极度寒冷的两极附近的永久阴影区内。如果需要用这些"水"来灌溉，还没有很好的方式。因此，也无法正常满足地球上任何一种动植物的生存所需。最重要的是，月球上没有动植物生存所必不可少的氧气。

因此，仅仅依靠着月球的自然环境，动植物显然是无法生存的。但是，我们可以憧憬未来的某一天，人类科技的发展让我们在月球上建立起适合动植物和人类生存的人工环境。也许那个时候，乘坐宇宙飞船到月球旅行，在那里看到各种可爱的动物和美丽的植物，也不过是一件稀松平常的事。

干涸的月球表面

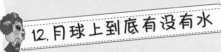

12. 月球上到底有没有水

1961 年到1972年，美国执行了"阿波罗"登月计划，进行了一系列载人登月飞行任务。科学家们因此从月球上采集了大量的月球岩石标本。这些岩石标本异常干燥，似乎毫无疑问地说明了月球上没有水。

水是生命之源。没有水的润养，地球上的生命也难以为继。20世纪90年代初，科学家抱着试一试的态度用雷达探测了水星表面，却意外接收到了两极永久阴影区的回波，而该回波只有当地出现厚重冰层时才会出现！这给科学家们极大的鼓舞，期待在月球上能找到水的踪迹。用同样的方法一试，科学家们也从月球两极的阴影地区得到了类似的回波。为了进一步证明月球上存在水的可能性，2009年，美国宇航局（NASA）执行了一项LCROSS计划。这一年的10月9日，"月球环形山观测和传感卫星"LCROSS非常悲壮地撞向了月球南极永久阴影区的凯布斯环形山。这次撞击扬起了大量的尘埃和碎片，科学家们从中检测到了水冰存在的证据。

美国宇航局的科学家们相信在极度严寒的月球永久阴影区很可能保存了不少的固态水。尽管这些水只能让月球比最干燥的沙漠稍微潮湿一点，但对于人类未来的各项月球探索计划来说，它们的存在有着不同寻常的意义。

13.月球上可以住人吗

2011 年10月31日凌晨前两分钟，第70亿名人类公民在菲律宾出生了，又一次敲响了地球上人满为患的警钟。于是很多人开始把目光投向浩瀚的宇宙，离地球最近的月球自然在他们的考虑范围之内，那么月球上究竟能不能住人呢？

首先，我们来盘点一下人类生存所必需的一些东西——空气、水、重力、食物、适宜的温度、足够的资源和足够抵挡宇宙射线与小型陨石的大气层。即使不要求新的生存环境像地球这般完美，上述几点要求也是必须具备的。那么现在的月球又符合其中的几点呢？月球上没有大气层，所谓的"空气"就是表面游离的氦、钠、镁元素形成的混沌，所以空气这点显然不符合。月球表面至今没有发现液态水的踪迹，江河湖海就更是妄想，所以水也是一个难以跨过的坎。月球上的重力是地球上的重力的 1/6 左右，虽然有差异但相信时间会帮助我们解决这个问题，所以这点勉强可以接受。食物……这点我们只能相视一笑了。温度也是人类不得不正视的一个问题，月球白天的温度可以达到 127℃，而晚上则下降到零下 183℃，这点人类可以忍受吗？月球上虽毫无生机，但并非贫瘠得一塌糊涂，最起码土壤中的氦–3 就十分丰富，而它可以为人类提供源源不断的核能，丰富的资源也是人类对月球不断探索的原因之一。

通过上述的分析，我们可以很负责任地得出结论——人类在近期内是不可能实现在月球上定居的愿望的。可未来又会怎样？谁也不知道，就像百年之前谁又能想象我们有朝一日会登上月球呢？

14. 月球上有声音吗

我们都知道，声音的形成需两个条件：发出震动的声源和传播声波的介质。

月球上当然是有震动产生的。虽然那里没有风雨雷电，没有惊涛拍岸，没有风吹麦浪，没有鸟兽鱼虫，但月球上的火山喷发，月球内部的地质运动还是产生了许多震动。太空陨石这样的不速之客闯入月球，撞击月球大陆，或者人类为探索月球而发射的探测器撞击月球，都会在月球上产生强烈的震动。但由于月球上的空气稀薄到可以忽略不计，因此月球上的震动产生的声波无法传播出来，也就无法形成声音。据此，不难推断月球的世界是寂静的。那里从黎明到黄昏再到黎明的每一分每一秒都是静悄悄的，不会有潇潇的风雨声、澎湃的大浪淘沙之音，更不会有鸟鸣兽语、人声鼎沸。月球是一个无声的世界。万亿年来，月球在距离地球 384 401 千米的地方寂静地度过了一个又一个日夜。它的寂静也万亿年来影响着地球上的夜晚，在月光里，喧嚣的地球万物得以宁和安静。

当宇航员们登陆月球时，为了解决月球上没有空气无法传声的问题，他们利用无线电通信器来进行交流。无线电波可以在真空中传播，只要有相应的发送和接收设备就可以传送声音信号了。

15.月球上的温度是如何变化的

在中国古代的传说中，嫦娥仙子在月球上居住的宫殿名为"广寒宫"。北宋词人苏轼在《水调歌头·丙辰中秋》里也说："明月几时有？把酒问青天。不知天上宫阙，今夕是何年。我欲乘风归去，又恐琼楼玉宇，高处不胜寒。"这些似乎都预示着：月球是个寒冷的地方。

的确，月球上的夜晚极度寒冷，温度可以降到零下183℃。这到底有多寒冷，对比一下地球上的温度就可以知道。有记录显示，地球上最低温度出现在南极，达到零下八九十摄氏度。月球上的夜晚比地球上最冷的地方还要寒冷，的确是酷寒无比。尽管这样，也并不意味着，月球就总是严寒。因为，当白天来临的时候，在阳光垂直照射的地方，月球上的温度能够高达127℃。在地球上，正常大气压情况下，水沸腾的温度是100℃。也就是说，月球表面白天的温度比刚刚沸腾的开水还要烫。

月球上白天与黑夜的温差如此巨大，难怪生命无法在月球上生存。导致月球表面温差如此巨大的原因有两个：一是由于月球上没有大气，白天太阳给予月球表面的热量，到了晚上无法存储下来；二是由于月球表面的物质也不容易存储热量，吸收热量快，释放也很快。

和地球一样，月球也在不停地自西向东自转，由此在太阳光照射到的地方形成白昼，在阳光照射不到的其他地方形成黑夜。在白天与黑夜交替的黎明和黄昏时分，就可以看到太阳东升西落的情景，这便是月球上的日出日落了。

不过，那些有幸登上月球的宇航员发现，由于月球上几乎没有大气，这里日出和日落的景象与在地球上看到的大相径庭。据记载，从月球看到的日出是这样的情景：太阳刚刚露出一角，月球上的黑暗就一扫而空，光明瞬间莅临。从太阳露出到整个升起持续1个小时左右，这个过程中，月球表面越来越亮，随着光照强度的持续增加，温度也持续上升。由于月球上没有云朵，所以不会有地球上那般灿烂的朝霞。对地球人而言，这整个过程显得非常直接。到了日落时分，太阳一旦整个落下，月球就会立即笼罩在一片无边的黑暗之中，当然，也没有瑰丽的晚霞可以观赏。月球表面的温度会持续下降，这时寒冷黑暗的月球之夜就开始了。

相比于月球，我们地球上的日出日落要从容得多。由于大气对阳光的折射，太阳尚未升起，天空就会渐渐变亮，让地球万物可以从黑暗中渐渐适应光亮。而到了傍晚，太阳整个落下之后，天空依旧光亮，随着时间的推移才慢慢暗淡下去直至黑暗全部降临，让地球万物缓缓适应黑夜。整个日出日落的过程都伴有美丽的彩霞，温度和光照的变化都非常温和。仅从这一点看，地球就是我们的天堂，每一个小细节都为生命能够在此栖息生存而精心设计。

17. 月球上的白天黑夜是什么样的

准确地说，地球上一个白天与黑夜交替需要的时间是23小时54分04秒，但在月球上，这个过程需要约27.32天，几乎相当于地球上的2月份要经历的时间！月球上如此漫长的白天和黑夜，会是怎样一种情景呢？

从太阳露出一角开始，月球的白天就来临了！随着太阳不断升起，光照越来越强。因为月球上没有大气层，从月球上看到的太阳光芒四射，比地球上看到的要亮千百倍。白天，阳光直射到没有任何植被的月球，月球的表面很快升温。这里白天的温度通常要达到127℃。奇特的是，虽是白天，这里的天空看上去却是漆黑的，上面挂着亮晶晶的群星，但不会闪烁。我们习以为常的地球上的蓝天白云和一闪一闪的星星，那都是地球大气层对光的折射、反射等作用带来的景观。我们从前面的内容了解到，月球上没有水，不会有云、雾、雨、雪等现象。因此，这里的白天永远是烈日当空，太阳不会受到云遮雾挡。这样炎热而干燥的白天将会持续两周左右的时间，直到黑夜降临。

太阳刚刚全部落下，月球上漫长而严寒的夜晚就开始了。由于没有大气的保温作用，月球表面物质的保温能力又比较差，这里的气温下降得很快，一直下降到零下183℃。在接下来的两周左右的时间里，在陷入黑暗的那部分月球表面，可以看见这样一幅类似于地球的景观：在漆黑的夜幕中，也悬挂着一轮硕大的"明月"。只是，这轮"明月"非常耀眼，大约比我们在地球上能看到的月光亮80倍！其实，那是反射着太阳光的地球。

"**月**球是一个实心球！"

　　你肯定毫不犹豫地就给出了回答，但事实却并没有那么确凿。1969年，美国的"阿波罗11号"载人飞船在完成探月任务准备重返地球时发生意外——登月舱突然失控并一头撞到了月球上！这本身对登月计划的顺利进行并没有太大影响，但细心的宇航员们还是发现了异样，距离撞击点72千米处的月震仪传回数据，这次撞击的震波居然持续了15分钟之久！要知道，如果月球是实心的话，按照推算震波持续时间最多不超过5分钟。如此巨大的差距让宇航员们疑惑不已。之后，同年的11月2日，"阿波罗12号"登月时携带了科学家量身定制的实验设备，他们意图解开震波时间超长的奥秘：超高灵敏度的月震仪被提前放置在月球表面，升空后宇航员释放登月舱使之狠狠地撞向月球，结果让科学家们惊呆了——此次的震波竟然持续了几乎1个小时之久！该实验几乎可以证明月球一定不是实心球，甚至它可能真的就是空心的！

　　但科学家并没有轻易地下结论，如此重大的发现使得他们不得不百般论证，因此月球是否空心至今都没有定论。月球表面也有很多疑团，比如那些超大含量的金属钛、锆、铱等都已和岩石混为一体，但这却是最起码要求4 500℃的高温才能达到的……

19. 来自月球的铁为何不生锈

　　见过不生锈的铁吗？不要说不锈钢！因为大家都知道不锈钢虽然相对来说耐腐蚀、耐氧化，但长时间日晒雨淋之后还是会变得锈迹斑斑。其实地球上根本就没有不生锈的钢，但是月球上有！

　　月球表面土壤中含有纯铁颗粒，在各国的登月活动中大量地被带了回来，而就在科学家准备更加详细地对它们进行研究时却发现这些铁颗粒居然不会生锈！并且在长达 7 年的侵蚀中一点锈迹都不沾！这个发现令科学家们激动不已。众所周知，地球上钢铁的腐蚀问题一直都是令所有人十分头疼的问题，并且至今都未能找到完美的解决办法。而月球铁颗粒的这个特质让科学家们燃起了希望，在热情爆棚的研究之后，不生锈的原因很快便水落石出——原来，月球表面缺少大气层的保护，于是刚烈的太阳风[1]日复一日地冲刷月球表面，月表的铁颗粒自然也"难逃毒手"。铁颗粒表面的氧原子被一个接一个地冲刷殆尽，而铁非但没有因之脆弱分毫，反而得到了超强的抗氧化性能，而这也就是它们在地球上安然无恙地存在 7 年却不生锈的原因所在。

　　既然找到了命门，研制也就有了思路。目前科学家正在着手钢铁新计划，准备模拟太阳风去冲击钢铁表面带走氧原子以使其获得抗锈性能。如果该计划成功的话，钢铁材料无疑将迈入一个新纪元！

月球表面的铁

　　1　太阳风：在太阳日冕层的高温下，一些原子被电离成带电粒子。这些带电粒子速度非常快，其中一部分会挣脱太阳引力，射向太阳外围，形成太阳风。

20.月球有磁场吗

在地球上，我们可以使用指南针，因为地球有磁场。那月球上有磁场吗？这同样也是科学家们十分关注的问题。当美国"阿波罗号"飞船首次登陆月表时就携带了磁场探测仪，探测结果显示月表的磁场强度只有地球上的1/1 000左右，也就是说月球上几乎没有磁场……然而就在所有人都认定月球上没有磁场的时候，一些取样带回地球的月岩却显示它们已经被很强的磁场磁化了！这是怎么回事？难道是探测仪出问题了吗？

月球上没有磁场——这在很长的一段时间里都是科学家的主流观点，而月岩的磁化则无疑给了这个结论一个很大的冲击，研究工作紧锣密鼓地展开了。研究很快便有了结果：月球在很久以前是有磁场的，但磁场却只存在了一定时间后就神秘消失了！这是为什么呢？我们知道所有行星的磁场都是由铁质内核产生感应电流形成的，而月球那厚重的外壳却是由岩浆冷却形成的，铁质内核更是不曾具有，所以光是这两点便无情地为"感应电流生磁场"的典型道路判了"死刑"。所以，月球磁场的形成道路应该是与众不同的。原来，在月球形成初期，炽热的熔岩在浮向月表时携带了大量的放射性元素，而这些放射性元素在高温下会产生崩溃，同时释放大量的热量。这些热量源源不断地被注入到了月球内核之中，于是整个月球就像是沸水一样实现上下对流，对流的出现为感应电流做好了铺垫，而磁场的产生也就顺理成章了。但放射性元素的崩溃不是无止境的，一定时间之后崩溃停止，而月球磁场也就相应地消失了……

"月亮上有什么呢？"1 000多年前，那时的人们会告诉你月亮里有广寒宫、有桂树、有嫦娥、有玉兔；100多年前，那时的人们会告诉你月亮里有河流，有山川；如今，很多人会告诉你，月亮上面什么都没有！没有任何植物，没有空气，没有水，没有一丝生机……

　　那么，月球上这片荒凉的土地是什么样的呢？难道只有沉寂的土地？月球的地形和地貌有着怎样的情形？让我们一起来探究真相吧！

第二章

月球的地形地貌

21.月球表面是光滑的吗

十五之夜，圆月当空，如水的月光像一层朦胧的面纱笼罩在月球之上。这使得月亮看起来圆润非常、圣洁无比，但是真实的月球表面是光滑的吗？非也！

真实的月球表面甚至已经不能用简简单单的"坑坑洼洼"来形容了……没有了大气层的保护，游弋在太空中的小型天体不断冲向月球表面，冲击成一个个大小不一的圆坑，而坑边则隆起成为高地。这种地貌在月球表面随处可见，其中最为典型的要数月球背面的艾托肯盆地。艾托肯盆地是月球乃至整个太阳系中已知的最大的陨石坑。它的直径达到了 2 240 千米，深度则有 13 千米，而盆地旁边就是月球表面海拔最高的高地。

在望远镜中我们可以清晰地看到月球表面分为明、暗两类。比较亮的我们称之为"高地"，它们是月球表面海拔较高的地域。这些高地同地球上的绝大多数山脉有着本质的区别——它们大都是由火山岩浆凝固而成的。比较暗的我们称之为"月海"（我们的祖先认为这些区域都充满了水），"月海"就是月球表面的平原和洼地，它们主要分布在月球的正面，而背面则分布很少。

小坑挨大坑，大坑套小坑——这才是真实的月球表面。

凹凸不平的月球表面

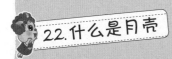

22.什么是月壳

你 听说过月壳吗?

月球其实是一个南北方向稍扁、赤道隆起的"柠檬状"球体,并且它也同地球一样分为壳、幔、核三大层(也有一些科学家认为月球本身是一个巨大的空心球),而最外层的就是我们要介绍的月壳。按照"大碰撞说"理论的介绍,月球是一颗超大的陨石撞击初生的地球而分离出去的,而形成初期的月球表面则覆盖着厚度达到200~800千米并且超高温的"岩浆海洋",经过长达大约1亿年的冷却,月壳初步形成。但是此月壳非彼月壳,刚冷却形成的月壳并没有持续太久就遭到了大量的陨石撞击,不堪重负的月壳破碎开来,"岩浆海"重出江湖!而我们今天所看到和研究的月壳则是在距今38.2亿~39.2亿年前才最终形成的。

月球正面的月壳平均厚度只有50千米,但在我们看不见的月球背面它则可以达到惊人的74千米之多!如此厚度的月壳也并非一个均匀的整体,它还可以细分为上月壳和下月壳。根据对月震波的详细研究得出,25千米以内的月壳称为上月壳,主要由月海玄武岩构成,其中的月震波纵波的速度为5 000 ~ 6 000米/秒;厚度在25 ~ 60千米的被称为是下月壳,主要由辉长岩、斜长苏长岩和富铝玄武岩构成,它的月震波纵波的速度为8000米/秒。

现在你对月壳是不是有所了解了呢?

——月壳

23.月壤有多厚

土壤是植物的天堂，虽然现在无土栽培的技术越来越成熟，但从来没有人试图去否认土壤作为植物母亲的地位。那么月球作为距离地球最近的天体，它的上面有没有"土壤"存在呢？如果有的话是否也可以生长植物呢？

月球上的"土壤"被称为月壤。同地球上的土壤分布相似，月壤的分布也有薄有厚，薄的地方只有几厘米，而厚的地方则可以达到五米深！那么从成分上来说，月壤是否和土壤相似呢？答案是否定的。月壤颗粒的平均直径不超过 1 毫米，全都是细小的粉尘，月球车在月球上着陆和行走的时候，粉尘会夸张地扬起。月壤中资源十分丰富，其中最让人类眼红的莫过于神秘的氦-3，它是一种清洁、高效、安全的能源，100 吨的氦-3 就可以满足地球一年的能量供能，其高效可见一斑。而月壤中的氦-3 总量有 100 万～500 万吨，也就是说仅是月球上的这种资源就可以连续为地球供能 1 万～5 万年！是不是很吃惊呢？

月壤中近半都是玻璃状的二氧化硅，这些都是陨石撞击月球的产物。虽然其中也有少量的钙、镁等植物生长所必需的微量元素，但是由于月壤过细，角砾和二氧化硅过多，所以"原装"的月壤并不适合植物的生长。

24.月球表面为什么长期保持不变

"**沧**海桑田"一词的意思是大海变成了田地，田地变成了大海。常用来比喻世事发生巨大变化，也常用来形容长时间后的结果。然而月球却似"容颜永驻"。这是为什么呢？

地球上之所以会出现"沧海桑田"有许多因素在起作用。首先是地球上地壳强烈的构造运动，地震就是其中的主要形式之一。然而在月球上这种情况却是可以忽略的，因为月壳并没有那么多的大陆板块，并且月球球心的温度相比较地心来讲也低了好多，所以月球上的地震大都是2级以下的微型地震，并不足以形成"改天换地"的效果。其次是风化作用的影响。风化也是改变地貌的一大助力，但面对月球上稀薄得几乎可以忽略不计的空气，风化基本上也就是一个笑话。同样还是受到大气稀薄的影响，风霜雨露在这里也是不存在的，所以雨水的冲蚀和冻胀等作用也是不存在的。当水都没有的时候，河水的冲刷就更是无从谈起了……

地球上能够引起"沧海桑田"变化的因素，月球上几乎全都没有，而这也正是月球在亿万年的岁月洗礼之后依旧保持"容颜不变"的不二秘籍了。

25.月幔是什么样的

我们已经知道了月球的最外层被称为月壳，而月壳之下则是月幔，那月幔是什么样的？它和月壳又是如何划分的呢？

月球上从上到下是这样排布的——最上层是月壤，它的厚度在5米以内；往下是碎石，它的厚度有 1 000 ~ 2 000 米；接着就是月壳，平均厚度可以达到 65 千米；再接着就是我们这里要讲的月幔了。月幔指的是月壳之下到 1 000 千米深处的广泛区域，它的体积大约可以占到月球体积的一半！其重要性可见一斑。月幔和月壳的区别主要是组成成分不同，月壳主要是由斜长岩和角砾岩等岩石组成，而月幔的主要成分则和地球上的基性岩与超基性岩相似，密度可以达到 3.5 吨 / 立方米左右。

其实月壳和月幔之间并没有清晰的分界线，科学家发现在下月壳的下部还有一个过渡层，它的厚度有几十千米，月幔则分布在这个过渡层之下。在月球新生的时候，滚烫的岩浆发生晶 – 液分馏分化出了月壳和月幔。其中较轻的斜长石上浮形成月壳，而较重的橄榄石和辉石则沉到了岩浆的底部成为月幔，而正是分馏得不彻底才有了那几十千米厚的过渡层。

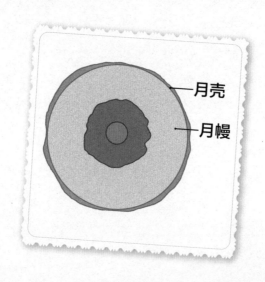

月核

26.月核是什么样的

在很长的一段时间里，科学家都断定月球已经是一个"死去的星球"，无尽的荒凉和火山的沉寂都十分配合地烘托了这一点；但近期科学家关于月核的探索和讨论却重燃了"月球未死"的希望。那么月核究竟是怎样的呢？

月球最中心的部分就是月核，它的温度高达 1 000 ~ 1 500℃，但相比较于地核来说这已经相当低了，因为地核的平均温度达到了惊人的6680℃！所以，地球上火山不断爆发，月球上火山却已沉寂了 1 亿多年。科学家估计月核可能也是由金属构成，并且由于"巨大"的地球引力产生的拖拽效应，月核可能已经是熔融状态或者液态了，但遗憾的是至今都没有人能证明这一点。

近期，科学家发现在月幔和月核之间有一个高温的液态层，并且这个炙热的液态层至今都十分活跃！如果这点属实的话，无疑它将无情地推翻之前月球已死的结论，也就是说月球依旧走在生命的旅途上并保持和地球相互影响的状态！这个结论是十分惊人的，因为月球的体积只有地球的1/49 左右，并且科学家已经证实月球的冷却速度比地球要快，但月核之外依旧有炙热的液态层，那只能说明月球本身有我们至今不了解的加热机制，如果这是真的，那地球呢？会不会也是这样呢？

月核的真实情况我们至今未知，但在科技高度发达的未来，我们也许会看到最终的真相！

27.什么是环形山

在关于月球的各种介绍中，环形山算是我们听过的月球上最常见的地形之一了。那么究竟什么是环形山呢？它与我们地球上所常见的山脉有什么不同呢？

"环形山"这个称谓最初是由伽利略提出来的，它以极其密集的形态成为月球地貌的一个标签。据不完全统计，直径不小于 1 000 米的环形山在月球上超过了 33 000 个！而直径小于 1 000 米的小型坑洞更是数不胜数。环形山的直径跨度也十分惊人，最小的环形山只有几十厘米，而最大的贝利环形山的直径则达到了 295 千米，甚至比我们的海南岛还要大上一号！

那么，这些环形山是怎么样形成的呢？

目前科学界有两种说法——"撞击说"和"火山论"。"撞击说"认为遍布月球表面的环形山是由大大小小的陨石撞击月球形成的，没有大气层的保护，要形成如此密集的环形山对数十亿年路过的陨石来说似乎并非什么难事。"火山论"则认为环形山主要是由月球表面活跃异常的火山喷发形成的，月球上的火山喷发就像地球上的下雨一般常见，形成这么多环形山似乎也不是难题。究竟哪个才是环形山形成的真相呢？关于环形山的研究我们还有很长的一段路要走，相信在路的尽头，月球一定会给我们一个惊喜！

月面上的环形山

月海

28.什么是月海

我们知道，月海其实就是月球上比较低洼的地方。从地球上远远望去，它们就像一片片暗黑色的海洋，这也正是古人给它们起名"月海"的原因。那么月海是如何形成的，它们又有什么别样的特点呢？

其实很多人都认为月海是宇宙中游荡的陨石撞击月球后形成的，因为它们圆形的坑状外观难免会使人联想到那陨石横飞的场景。但是有一些科学家在经过对月球的岩石成分和构造进行仔细的研究之后，却得出了与之不同的结论——我们知道月球形成于 45.27 亿年前，而在距今 40 亿～39 亿年前，它曾受到过一段很密集的陨石撞击，原始的月海盆地由此形成，而该事件在天文界中也被称为"雨海事件"。然而在之后的 39 亿～31.5 亿年前这段时间里，月球则又发生了一次大事件——玄武岩喷发！炽热火红的玄武岩岩浆一时间填满了整个原始月海地区，最大厚度更是达到了惊人的 2.5 千米！此次事件被科学家称为是"月海泛滥"，而先前的那批科学家则认为正是此次事件才形成了我们今天所看到的月海。

月球上已知的月海一共有 22 个，其中 19 个分布在月球的正面，而背面则只有 3 个月海。其中最大的是正面的风暴洋，面积达到了大约 500 万平方千米，几乎是大半个中国的面积。而月海作为月球上的"盆地"，其低洼之"低"也令人瞠目结舌，最深的月海要比月球水平面低 6 000 米之多！除此之外，月海中丰富的矿产资源尤其是钛铁矿储量惊人。初步估计总储量在 100 万亿吨左右，但目前的技术却使得我们只能对它们"望洋兴叹"了。

月球上的大月谷

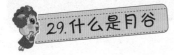

29.什么是月谷

东非大裂谷的威名相信大家都不陌生，它以恢宏的气势和壮阔的美景每年都吸引大量的游客前往一睹尊容。然而这种象征大自然强大构造力的地貌却并非地球独有的，月球上分布得也十分广泛，我们称它们为月谷。下面就让我们来了解一下月球上的"月谷之最"吧！

里塔月谷是月球上最大的月谷，它位于月球背面南海东北部，总长度超过 500 千米。莫希拉米月谷是月球上最宽的月谷，它的平均宽度达到了40 ～ 55 千米，位于东海盆地南岸。它们两个虽然久负盛名，但月球上最著名的月谷却另有所属——1727 年被发现的阿尔卑斯大月谷！阿尔卑斯大月谷的"尺寸"并不出众，它的长度大约有 130 千米，宽度也不过 12 千米左右。它起源于柏拉图环形山，然后像一条笔直的箭头"直插"平坦的雨海和冷海，一路上横冲直撞，就连壮阔的阿尔卑斯山脉也被它横刀截断！其恢宏气势可见一斑！

月谷的成因也一直是科学界的一个谜，经过科学家对大量信息的整理和分析之后，他们猜测这些可能是滚烫的岩浆在顺山而下时自然形成的，但岩浆本身就是液态的玄武岩，其冷却之后体积并不会缩小很多，所以形成如此巨大规模的月谷似乎也并非易事。看来一切都只能等待未来的科学家进行解释了……

你听说过月面辐射纹吗?

乍一听这个名字,你可能感觉没有头绪,但是相信用天文望远镜观察过月球的人都曾被它的曼妙所吸引——在一些环形山的周围,你可以清晰地看到一缕缕放射性的亮带,它们就像是太阳周围的万道光芒一般笔直地穿过了月海和环形山,而亮带的亮度不同又使得不同的辐射纹之间形成了鲜明的层次感,与月海、月谷的明暗相协调,散发出别样的美感。

据统计,月球上一共有50个环形山自带辐射纹,而这里面又尤以第谷环形山的辐射纹最为突出! 最长达1 800千米的辐射纹即使是在几十万千米之外的地球上看起来依旧是那么壮观,尤其是在满月时分,这一条条"岁月的痕迹"在寂寥的夜空中显得更为神秘,仿佛下一刻就要"活"了过来。

月面辐射纹的形成至今都是科学家心里的一个"疙瘩",因为它的形成机理和环形山的形成理论息息相关,后者形成原因的不确定使得它看起来也是扑朔迷离。陨石撞击说似乎能解释清楚,在没有大气和过大引力干扰的月球上,陨石撞击形成的高温碎块可以像巡航导弹一样笔直地飞去很远,这可以解释环形山周围那动辄上百千米的笔直纹路。而火山喷发论也不遑多让,炽热的岩浆在一定的机缘下似乎也能蜿蜒地"走"那么远……

虽然月面辐射纹的身上至今仍有很多未解之谜,但是这丝毫不影响我们观赏它的兴致,反而可能愈加浓厚。无论最终哪种理论笑到最后,辐射纹的久远和沧桑都是一定的,而一生如白驹过隙的我们所敬畏的不就是这种相对的永恒吗?

31. 月球上的火山是什么样的

在我们的印象中，月球一直都是一个寂寥、空荡的世界，没有空气，没有水，没有声音，没有生命……但也绝对不是什么都没有，最起码火山就一直出现在有关月球的文献资料中。那么，月球上的火山又是什么样的呢？

在前文的介绍中，我们已经知道了月球上高地、月面辐射纹、环形山等的形成都可能和火山有关，但是我们却从来没有听说过近期月球上火山大喷发的新闻，难道是科学家没有关注吗？不是的，同地球上一些活跃的火山相比，月球上的火山早已是"迟暮之年"了。据科学家推算，月球上火山的年龄大多都在 30 亿 ~ 40 亿年，即使是最"年轻"的火山，距离上次喷发也有 1 亿年的光景了，也就是说最起码有上亿年月球上没有发生过一次火山活动了。与之相比，我们地球上的火山就要"幼小"和活跃得多，大多数的火山年龄都在 10 万年以内，即使是最古老的岩层也不过 3.9 亿年的历史，连人家的零头都不及，所以很多人形象地把月球比喻为"一个死去的星球"，从这点看来还是有一定根据的。

月球上的引力只有地球上的 1/6 左右，这点对火山活动的影响很大。首先，阻力的减小使得岩浆流动得更为顺畅，同时也让大型火山的孕育变得极为困难。其次，引力的减小也使得喷发的岩浆可以飞得更远，蔓延的范围更大，发展为宽阔的平原，这也是为什么月球上火山极多但是我们却没有看见火山锥的原因了。

32. 克里普岩是什么样的岩石

信对月球资源方面知识稍有涉猎的人都听说过克里普岩的大名，它被誉为是21世纪人类进军月球的"主要目标之一"，那么它的价值究竟在哪里呢？

克里普岩的名字是一个合成词，KREEP 是由 K、REE 和 P 组成的，K 是指钾元素，REE 是指稀土元素，P 是指磷元素。也就是说克里普岩中包含有丰富的钾、稀土元素和磷，钾和磷在我们的生活中并不鲜见，所以它似乎并不可能勾起人类太大的开采欲望，那就应该是稀土元素了。那么稀土元素又是何方神圣呢？

稀土元素并不是一种元素，而是 17 种元素的集合体。它以难以替代的独特性能被广泛应用于电子、冶金、石油化工、机械和能源等多个领域，由它生产而成的永磁材料、电光源材料、储氢材料、激光材料和许多新高科技材料获得了业界的一片惊叹。稀土元素在地球上的储量其实并不"稀少"，而中国就是世界上稀土元素已被探明储量最大的国家，但是这并不意味着开采就是无止境的，近年来的稀土供应已经表现出了明显的"疲态"，而这也是人们把目光投向月球的主要原因之一。

克里普岩中还包含有大量的铀、钍放射性元素，并且据科学家估计，其储量分别达到了 8.4 亿吨和 3.6 亿吨！不可谓不惊人，或许这也正是人们对克里普岩格外青睐的原因吧！

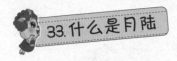

33.什么是月陆

在 地球上与广袤海洋相对的区域就是陆地，而这在月球上同样适用，除去小部分的月海之外，其他的地区都被称为月陆，那么月球上的"陆地"和地球上的陆地又有什么不同呢？

首先，月陆占据了月球上绝大部分的面积，这点是和地球上海洋几乎一统天下的局面完全不同的。如果说在月球的正面，月海的面积还可以说差不多和月陆平分秋色的话，那么在月球的背面，月海就输得一败涂地了——仅占背面的 2.5%。其次，根据同位素测定的结果，月球上的月陆要比月海古老得多得多，甚至比地球上的最古老岩石还要久远，并且还不是差了一星半点哦——月海玄武岩的形成历史在 31 亿～39 亿年，地球上最古老的岩石也不过才 38 亿年左右，但月陆上结晶岩石的平均年龄却高达 42 亿～43 亿年！所以说月陆是月球上最古老的地形特征一点儿也不为过。

月陆上的岩石主要是由斜长石和富含镁的结晶岩套组成的，此外还有我们之前讲过的克里普岩。月陆岩石的研究也为月球历史的回顾开阔了思路。月陆地壳中含的三氧化二铝高达 25%，而整个月岩中却只有 6% 左右；月陆地壳中铀、钍、钾等元素的含量也要比月球内部高上 100 倍之多！这一切都清晰地说明起初形成月陆的岩浆源区十分巨大。

月陆

34. 月球上有山脉吗

我们已经知道了月球上有月壳、月壤、月陆、火山等能在地球上找到对照的东西，那么地球上层层叠叠的崇山峻岭是否也能在月球上得到体现呢？

答案是肯定的！虽然没有地球上山脉那么众多，也没有那么雄伟壮丽，但月球上还是有山脉的。有趣的是，月球上山脉的命名很多都直接照搬了地球上的山脉名，像高加索山脉、阿尔卑斯山脉等。既然沿用了相同名字，那就少不了要作一番比较了：地球上最高峰是珠穆朗玛峰，高度为 8 844 米，而根据中国"嫦娥一号"带回的数据，月球上最高峰则高达 9 840 米！这也纠正了 1994 年美国克莱门汀关于月球上最高峰只有 8 000 米的结论。月球上最长的山脉是亚平宁山脉，长达 1 000 千米，但平均高度不过 3 000 ~ 4 000 米，而地球上最长的山脉为南美大陆的安第斯山脉，绵延 9 000 千米！这点无疑是地球完爆月球。此外，月球上 6 000 米以上的山峰共 6 座，5 000 ~ 6 000 米的山峰有 80 座，而 1 000 米以上的山峰有 200 座左右。这点就不再进行比较了，否则就有"以大欺小"的嫌疑了。

月球上的高山还有一个别样的特点——山峰两侧坡度并不对称，靠近月海一侧坡度很大，有的甚至直接就是刀削的断崖，而另一侧则十分平缓，你是否又从这里发现了什么呢？

35. 月球表面的玻璃状物质是什么

在美国的登月计划期间曾有多位"阿波罗号"宇航员亲临月球表面。奇特的月球表面环境令他们赞叹不已，同样也有很多对未知的困惑，其中有一点就是他们曾在月球表面的多个地方看到地面上覆盖着一层玻璃状物质，就像是那里曾被熊熊的大火烧过一样。这些玻璃状物质是什么？它们又是如何形成的呢？

其实科学家在早先的时候就已经发现了这些奇特的物质，并且对这些物质的成因也颇感兴趣。玻璃状物质的前身是二氧化硅和其他的硅类化合物，而这些都是月壤和月岩中所具有的，也就是说只要温度达到了一定的程度，这一切就都可以解释了。第一种说法是撞击说，有些科学家认为，这些玻璃状物质是太空中游荡的陨石撞击月球后形成的，撞击的瞬间会形成长时间的高温，而这种高温也足以把月壤中的硅类化合物烧成玻璃状。玻璃状物质的广泛存在似乎也可以完美解释，因为月球表面极易受到陨石撞击，并且月球表面的情况也十分利于玻璃状物质的保存。第二种说法是月球形成说，我们知道在月球形成的初期，曾有很长的一段时间月球表面都是一层厚厚的岩浆海洋，而岩浆的高温也可以完成玻璃状物质的加工，

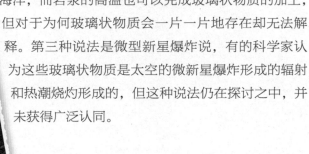

但对于为何玻璃状物质会一片一片地存在却无法解释。第三种说法是微型新星爆炸说，有的科学家认为这些玻璃状物质是太空的微新星爆炸形成的辐射和热潮烧灼形成的，但这种说法仍在探讨之中，并未获得广泛认同。

36. 为什么有的月壤的年岁比岩石的年岁更大

在回答这个问题之前，我们需要明白一个问题：土壤是怎么来的呢？

土壤是岩石经过各种风化作用形成的产物，那么理所应当土壤的年龄就该比岩石要小。然而在月球上却发生了一件让科学家十分费解的事情——一些月壤年岁竟然比岩石要大，而且要大得多！这是怎么回事呢？

从阿姆斯特朗第一次登上月球捡起的石头开始，科学家就对月球上岩石的"高龄"惊叹不已——阿姆斯特朗捡起的第一块石头已36亿年高龄，而带回来的其他一些岩石甚至达到了45.27亿年之久！这几乎和太阳系的形成时间相仿……如果说45.27亿年的"这位"勉强还可以被接受的话，后来出现的一块53亿年之久的月岩则彻底击溃了科学家的接受能力，更加令人惊奇的是这些"高龄"岩石大都出现在月球上最"年轻"的区域，并且身上并没有"天外飞物"的特征。为了解释这个"超自然"的现象，有些科学家甚至提出了月球有可能很早就已经出现在星际间的大胆假设……如果说这一点经过假设之后还是可以接受的话，后来的发现则又让我们敬业的科学家疑惑不已——一些月壤的年龄竟然比月岩的年龄还要大！这就不由得让这些一直认为土壤是由岩石粉碎、风化而来的科学家们瞠目结舌。不信邪的科学家日夜比对、研究，最终得出了这样的结论：这种月壤不同于一般月壤，而是来自遥远的外太空！

月球真是跟科学家开了一个天大的玩笑！

宇航员探测月球土壤

37.月壤具有放射性吗

月壤的"年龄"问题使得科学家"虚惊一场"，但月壤貌似就是一个"不消停"的主儿，这边事还没完，那边就又出问题了——月壤竟具有高放射性！

"阿波罗 15 号"登上月球时，落在了亚平宁山脉附近。当宇航员们试探着把温度计伸到空中时，他们发现温度计的读数竟然一路飙升，甚至感觉一切都快要融化了！地球上的科学家看到这一幕都很抓狂，很明显，该地区附近有着温度很高的热流，按照常理来说，如果月球表面温度如此之高的话，那么月球核心的温度应该已经高到了十分骇人的地步。然而，那里却什么都没有发生，月球核心的温度十分平缓，甚至比地心都要低上一大截！如此说来，月球表面的高温并不是由月球核心产生并传递而来的，那么这股热量又来自哪里呢？

经过一番细致的研究、讨论，科学家发现月球表面厚达 12.8 千米的地区普遍都具有高放射性，这是一个令人疯狂的发现！大量的放射性物质堆积，经过作用可以产生大量热量，如此说来，月球表面高温的问题似乎已经圆满解决了……

但如此巨量的放射性物质又是从何而来呢？为何只有月球表面才有呢？科学家正在为此而努力。

从 形成时间上来说，月球和地球历经的岁月几乎相差无几；从太空中位置来说，它们又形影不离。但二者现今的面貌差距却不禁让人唏嘘不已。月球是如何一步步演变成现在这样的呢？

月球是一颗饱经磨难的星球，它在形成至今的漫长岁月中经历了多次的完全或局部熔融，那是真正的锻体之痛！月球形成初期，能量过剩的它整体温度达到了 1 000℃左右，整个月球几乎成为一个大火球。距今 41 亿年前，初生的月球上一直蠢蠢欲动的岩浆群终于迎来了第一次爆发！高温熔融的岩浆横流四野，而我们今天看到的月壳中那厚重的斜长岩就是它的产物。约 40 亿年前，刚熔化完毕消停了不到 1 亿年的月球再次熔化，非月海玄武岩出现。约 39 亿年前，声势浩大的"流星暴雨"冲击月球，也就是雨海事件，大规模的小天体撞击形成了今日我们所看到的月海盆地。31 亿年前，不安分的月球再次爆发大规模岩浆活动。随后月海被分割为风暴洋、澄海、丰富海、静海等 8 个区域，月球格局大体形成。之后月球的"自残形成"陷入停滞，除了 20 亿年前发生过的那次加热事件外，它就像累坏了一样默默地沉寂着，而太空中调皮的小陨石依旧不时地骚扰它一下，太阳的超强辐射也不间断地在磨砺着它，慢慢地，月壤出现了；慢慢地，它就成为现在的这个样子……

一直以来，科学界都认为月球是一个荒凉、干燥的世界，甚至还有科学家断言——月球比地球上的戈壁、沙漠都要干燥上100万倍！当然，这其中有夸张之嫌，但足以看出科学家对月球无水的笃定，但"阿波罗15号"的发现却否定了这一切……

1971年8月1日，"阿波罗15号"带着人们的期望冲向太空，而它也确实不负众望——它居然在月球表面某处发现了一个259平方千米左右的

水汽团！这个结果无疑是爆炸性的，很快持月球干燥论的科学家便跑出来解疑，他们认为该水汽团可能是飞船遗漏在月球上的两个水箱造成的。但要形成如此巨大的水汽团，那两个水箱的规模得有多大呢？这个解释显然不能服众，科学家紧锣密鼓地又开始了新一轮的水探索，而结果也令所有人大吃一惊！月球上真的有水，并且总量还极为庞大，只不过其形态有点特殊。科学家在月球的两极地区发现了大量的固态水，这些水在亿万年的磨砺下早已和那里的岩石、土壤混为一体，形成了"固体脏水"，但没有争议的是它们的的确确是我们在苦苦追寻的水！

　　科学家认为，其实月球和地球一样在形成初期的岩石都包含有大量的水分，而随着火山的大量活动，地球上的这些水汽大部分都形成了海洋，但月球就没有这么幸运了，由于它的引力要比地球小很多，所以只能眼巴巴地看着大量水汽散入了太空之中，但所幸少量保存了下来，至于我们之前提到的个神秘水汽团是否就是"固体脏水"的产物，科学家至今还没有准确的答案。

在科幻电影《月球》中，我们看到了一幅陌生的场景——月球上建起了规模宏大的氦-3采集基地，而那时候的氦-3已经成为人类的主要能源并被不间断地送往地球……氦-3究竟是什么东西？科幻电影中的那一幕可能出现吗？

氦-3，无色、无味、无臭且没有放射性，是惰性气体氦气的同位素。氦-3是目前世界上公认的高效、清洁、安全的未来能源，也是被科学家寄予厚望的能够在地球上化石能源耗尽之时点亮新希望的新能源。它主要是通过发生核聚变来产生能量，但传统的核聚变反应都会遗留下大量的放射性废料，贻害无穷；而氦-3则没有这方面的顾虑，它在聚变中不产生中子，自然而然也就不会产生放射性废料。

只需要大约100吨的氦-3就可以供应全球一年所需的能量，是的，你没有看错！这就是氦-3的高效。但仿佛是上帝给人们开了一个巨大的玩笑，目前全球发现的可供开采的氦-3仅有不到500千克……科学家此时真的有一种"巧妇难为无米之炊"的无奈感。幸亏这只是一个"玩笑"，在距离我们不远的月球上，科学家们发现了大量的氦-3，可供开采的有100万～500万吨，也就是说如果开采完的话地球1万～5万年的能源就有着落了！

电影中的场景或许需要很久才能实现，从月球到地球，氦-3的开采、运输和提炼对科学家都是前所未有的极大挑战。但至少我们已经有了方向，不是吗？

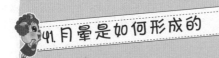

大家注意过吗？有时候天气较好的时候，我们会看到月球的周围会出现几个彩色的光圈，花环一般围衬在月球周围，甚是好看……这种光圈就是月晕，一种比较常见的天气现象。那么月晕是如何产生的呢？

月光如水，当它透过大气层的时候，有时会碰到卷层云。卷层云就是空气中的冷空气遇到温暖的湿空气时所形成的，它里面包裹着大量的六边形冰晶，当白色的月光投向卷层云中的冰晶时会发生折射，之后那一圈圈漂亮的月晕就出现了。

月晕其实还是一个比较可靠的"天气预报员"，它的出现往往预示着天气的变化。我们的先人很早便发现了这个规律，于是民间才有了"日晕三更雨，月晕午时风"的说法。也就是说，月晕的出现一般就是刮风警报，并且如果你能看到月晕的光圈上哪个方向上有缺口，那个方向就是即将而来的风向哦！是不是很神奇呢？既然月晕是由卷层云形成的，而卷层云中又包含大量的冰晶，那月晕的出现其实还是有很大概率会有降雨的。但是这一点并不确切，因为降雨与否还是要观察云层的高度和积累程度。可是专业的天气预报有时候还不准呢，我们又怎能苛求太多呢？

下次当你看到月晕的时候你还会只是停留在观赏的层面吗？

农历的每个月我们都会看到天空中上演着月缺月圆的变换——一弯月牙慢慢地爬上了树梢，几天后变粗壮了不少，慢慢又变成了半个"烧饼"的样子，随后又像是吃撑了一样，成为一轮满月，然后又慢慢变成与之前相反的半个"烧饼"、月牙，之后数日不见踪影……周而复始，月缺月圆。如今，关于月亮的阴晴圆缺，我们已经知道了其中的缘由。它的自转，它的公转，它的章动，它的食象变化……让我们一起来探究吧！

第三章

月有阴晴圆缺

42.月球会自转吗

月球会自转吗？在我们看来，这似乎是一个毋庸置疑的问题，但却有很多人包括天文学界的专业人士在很长时间里都在质疑这个事实。他们的观点又是怎样的呢？

科学界是这样介绍的——由于月球的公转周期和自转周期相同，所以在地球上的我们永远都只能看到月球的一面，我们称之为月球的"正面"，并且这一"惊天巧合"还频繁地出现在大量的行星 – 卫星体系中……于是，那些月球自转的反对者不干了，为什么我们人类要一厢情愿地认为月球在自转呢？难道这种"巧合"在宇宙中真的就如此常见吗？他们还举出一个例子：拉一根绳，绳端系上一个小球，我们给小球一个适当的、持续不断的力，就会发现小球在绕着我们的手指头"公转"，并且小球也是永远都只有一面朝向我们的手指，那我们必须说这个小球也在不停地自转吗？听着貌似也有一定道理，但到底对不对呢？

当然不对！如果光是纠结月球"正面"的问题，他们的观点似乎要靠谱得多，因为那种观点没有建立在大量的"巧合"之上……但事实总是严密的，关于月球自转的证明我们会在下一节中详细介绍，到时你会坚定地相信：月球是在自转的！

43. 我们如何证明月球在不断地自转

尽管有人持月球自转反对论，但月球自转却是一个不争的事实。那么有没有什么确凿的证据证明这一事实呢？

有！它就是天平动。如果月球真的如同反对者说的那样并没有自转的话，我们在地球上看到的月球面积应该永远都只是一半！但事实却是我们在地球上可以看到月球上约 59% 的表面，而这多出来的 9% 就是天平动的功劳了。月球的公转轨道是一个椭圆，所以它在绕地球公转的时候必然会出现近地点和远地点，而公转的速度也必然会发生变化。天文学家惊奇地发现在月球公转速度变化的时候，月球上会出现"一些从未见过的新鲜场景"，也就是那 9%。这种情况也只能用公转速度改变导致自转速度和公转速度不匹配来解释，于是，月球自转的奥秘也就自然被解开了。

那么又是谁在亿万年间不停地推动月球自转的呢？这点其实也很简单，首先我们解释一下离心力。相信大家在生活中都见过这样一个场景，你转动一个上面沾有少量水的圆盘，会看到水会迅速地逃离圆盘中心，这些水就是受到了离心力的作用。而月球在公转的时候也会受到离心力的作用，其结果就是月球的质量都像圆盘上的水一样往外挤，造成重心外偏；而地球对月球又有着较大的引力作用，在引力作用的影响下，月球的重心又内偏……这两种力组合起来就是月球自转的永恒动力。

44.月球的自转周期需要多长时间

我们已经知道了月球在绕着地球公转的同时也在一刻不停地进行着自转，那么它的自转周期是多长时间？月球的自转又有什么特点呢？

其实关于月球的自转一直以来都存在一个误区，那就是很多人包括一些业内人士都笃定地认为月球的自转是伴随着月球的公转完成的，简单来说，他们认为月球就像是本身并不旋转的球，只在外力的作用下绕着地球旋转，于是相对于地球来说它在不停地"自转"，但对于地心和其他天体来说月球是不转的，追根究底也就是我们所熟识的参考系问题。这是一种十分传统的误区，月球的自转绕的并不是地心，而是自己的自转轴，也就是说无论是相对于地球还是其他天体，它都在不停地旋转……

月球自转一圈的时间是 27.32 天，正好是一个恒星月，也就是说同它绕地球旋转一周的时间相同。这会是巧合吗？其实不然，自转时间与恒星月相同的特点在卫星世界中十分普遍，科学家认为这主要是行星对卫星长期潮汐作用的结果。

 45.为什么我们只能看到月球的一面

人们在地球上观察月球的时候，不难发现月球上的景色似乎是不会变化的。月球总是向地球人展示一面，藏起另一面，仿佛不愿意让我们窥探它的全部面目。为什么我们永远只能看到月球的一面呢？

起初人们认为，这是由于月球只绕着地球公转，并不自转，所以我们永远只能看到月球的一面。这就像一群人手拉手围成圆圈，围着一个人转一样。无论怎样转，站在中央的人都不会看到围成圆圈的人的后背。

随着观测技术的进步，科学家们计算发现，事实并非如此。月球依旧在绕着它自己的自转轴转动。之所以我们不能看到它的背面，是月球绕地球公转周期与月球自转周期非常巧合地同步所造成的结果。月球绕地球一周的公转时间，按地球上的日期来计算大约是 27.32 天。同时，月球本身进行自转的周期也是 27.32 天！这个惊天的巧合意味着什么呢？形象地说月球就像是一个调皮的孩子，它环绕地球公转本来是应该一步步显露出自己的全身的，但周期相同的话就导致它好像一直在小心翼翼地修正着自己的身形，并永远都保持着自己的一面朝向地球。我们将月球一直朝向我们的面称为正面，而它一直"刻意"隐藏的那面我们则称之为月球的背面。

46.什么是天平动

问 你一个问题：从地球上观测月球，你能看到的月球面积应该是月球总面积的多少呢？

一半！貌似是很简单的问题，因为对月球的形状有了大致了解后再搭配基础的几何知识不难得出这个结论。但事实却是 59% 左右，那这多出来的 9% 是怎么回事呢？难道月球上也会出现海市蜃楼吗？当然不是，要解释这个问题我们就需要给大家补充一个新知识了——天平动！

月球在旋转的时候其实是很"淘气"的，它像一个不稳定的天平一样不停地摆动。天平动有四种，第一种是"经天平动"，它表示月球在东西方向上"摇摆"，幅度大小约为 7 度 54 分；第二种是"纬天平动"，它表示月球在南北方向上"摇摆"，幅度大小约为 6 度 57 分，它们是最主要的两种天平动形式；第三种是周日天平动；第四种被称为是物理天平动，摆动的幅度很小。虽然以上四种都被称为是天平动，但却只有第四种是月球在"真动"！其他三种都是因观测者和月球之间位置相对变化而引起的"幻动"。月球是椭圆，并且月球自转速度等于公转速度，这两点毋庸置疑。在月球运动到近地点的时候，其自转速度会小于公转速度，而到远地点的时候，自转速度则会大于公转速度，月球的公转轨道又和地球的赤道面有一个夹角，于是这一系列不稳定因素又导致月球在星面上运动时会出现一个大小为 7 度左右的"摇摆现象"，而这种现象就是我们所说的天平动。

现在你知道多出来的那 9% 是如何产生的了吧？

47.月球上有四季吗

相信不止一个人提出过这个问题。在解决这个问题之前，我们先了解一下地球上的四季变化又是如何产生的。了解了这一点，那月球的四季问题就可以迎刃而解了！

四季变化恐怕是促使我们这个蓝色星球丰富多彩的最大的幕后推手了。四季的形成主要和地球的黄赤夹角有关，相信学过地理的同学都会对这点印象深刻。地球的自转轴和公转轴不重合，形成了黄赤夹角，导致了太阳光的直射范围在南北回归线之间来回移动，从而在全球大部分地区形成了一年之中温度和日照时间的阶梯形变化，也就是我们所说的四季变化。也就是说黄赤夹角才是形成地球上四季的关键，那么月球也存在黄赤夹角吗？

月球上也存在黄赤夹角，大小为 1.542 4 度，而地球的黄赤夹角则为 23 度 26 分。差距之大显而易见，而太小的黄赤夹角也不足以形成四季。此外，影响月球没有四季的还有其他一些重要的原因：其一，月球上没有大气，温度的变化全凭太阳的照射和遮蔽，保温并不存在，极大的温差也影响了温度变化的灵敏度；其二，月球是一颗卫星，它在绕地球旋转的同时也和地球一起绕着太阳旋转，而它要绕回到相对于太阳相同的位置上则需要大约 400 年，也就是说月球上的"1 年"大约是我们的 400 年，而人类科学详细观测月球的时间还不过 100 年，似乎我们才只过了月球"1 年"的 1/4……

所以说，月球上没有四季，或者说没有我们所"熟识"的四季。

48.月球背面是什么样的

过前面的介绍我们已经知道，由于月球的自转周期和公转周期相同，所以在地球上的我们永远都只能观察到月球的一面，也就是所谓的"正面"。一直以来，有关月球背面的猜测和憧憬从来都没有停止过，甚至市面上还出了一本名为《外星人就在月球背面》的书，并极受追捧，那么月球背面究竟有没有外星人基地呢？

1959 年，第一张月球背面的照片被苏联的"月球 3 号"送回地球，于是人类才得以第一次看到大多数人一辈子都不可能亲眼看到的场景——同样的荒凉，只不过天文爱好者所熟识的月海在这里几乎不见踪迹。美国"阿波罗计划"曾经进行得如火如荼，但直至"阿波罗 17 号"归来计划结束对月球背面也一直讳莫如深。我们只能依据近年来不断解封的或真或假的档案来了解——那里貌似有一个心形坑，貌似有跑道……这些档案听来怎么都像是阴谋论者编造出来的，但"阿波罗计划"的无疾而终，之后的美苏两国默契地长达 30 年不再进行载人登月活动；多达 25 位登月的宇航员对那里的惊悚描述，所有这些却也都似乎预示着那里真的发生了点什么……

现代的科幻片看多了，我们懂得了一个道理，科学家告诉我们的都是他们认为我们可以知道的，但更多的真相被隐藏了起来，月球的背面或许也是这样。让我们一起期待它大白于天下的那天吧！

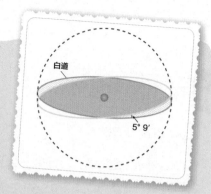

白道

5° 9'

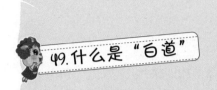

49.什么是"白道"

我们在介绍月球运动轨迹的时候，经常会提起一个名词——"白道"，但是很多人却对此很茫然。那么究竟什么是"白道"？它又有什么意义呢？

"白道"其实就是月球在绕地球公转时形成的轨道平面与天球相交的大圆。前面曾经提到过，天球其实是天文学家为了研究天体位置和运动而假想的一个旋转的圆球，这个圆球与地球同心，并且半径无限大……那么白道就是月球的公转轨道平面和这个大圆球的相交圆。你能想象出它的样子吗？

月球的公转平面与地球的公转平面并不重合，二者之间有一个大小约为5度9分的夹角。如果没有这个夹角的存在,我们可就有眼福了！你想啊，要是它们公转轨道相同的话，那三者就都是在一个平面上运动，而月球绕地球一圈也不过一个月的时间，那也就是说我们每个农历月都可以欣赏到现如今难得一见的日食和月食了！不过事分两面，如果真的那么常见的话，可能我们也就不会对它们格外青睐了。

"白道"的发现和定义对月球的研究有着深远的影响，这些会在我们之后的讲解中陆续提到，记得留意哦！

50.什么是章动

你听说过章动吗?

　　我们已经知道,月球的公转轨道(白道)和地球的公转轨道(黄道)之间有着一个大小为5度9分的夹角。此外,月球的自转轴与黄道面的法线之间也有一个夹角,大小约为1度32分,也就是说相对于地球的运动平面来说,月球是在"歪着脖子"自转,然后又"歪着脖子"公转,只不过后者的角度要大一点。那么这几个平面之间的夹角对地、月两球又有什么影响呢?

　　其实地球也是一个不完美的球体,它的赤道位置要稍微"鼓起"一点,也就是这鼓起的一点再搭配上先前我们所说的夹角,"大动作"就发生了——月球的白道和黄道之间的两个交点在不停地做顺时针旋转,并且每6 793.5天旋转一周;在这一段时间里,月球公转的白道面与地球赤道之间形成的夹角会在28.6度和18.3度之间来回变化,而月球的自转轴与白道面的夹角也会在6.69度和3.6度之间徘徊。月球的这些变化潜移默化间也影响到了地球自转轴,使之发生了±0.153 6分的摆动,这个摆动就是我们今天要说的章动。听着很小是吧,但是如果它乘以地球的半径呢,大家可以自行计算一下这0.153 6分的摆动该有多大的规模!

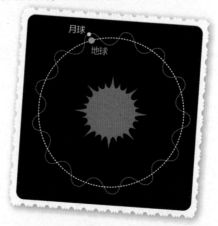

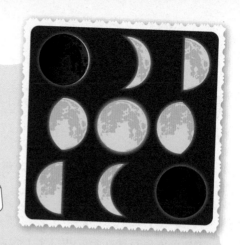

51 月球为什么会有阴晴圆缺

古人云："人有悲欢离合，月有阴晴圆缺。"月亮为什么会有阴晴圆缺呢？

月球的阴晴圆缺被称为月相变化，也被称为盈亏。月球的月相变化是有一定规律的——农历初一是看不到月球的，被称为"朔"，又称"新月"；到初七或初八的时候，我们就已经可以看到半个月球，这半个月球一定是东边暗，西边亮，被称为"上弦月"；到农历十五的时候，满满的一轮明月高挂在枝头，此时我们称之为"望"，或称"满月"；接着到了农历二十二左右，我们就又能看到半边月球高挂在星空了，只不过此时的月球是东边亮，西边暗，被称为"下弦月"……周而复始，一个周期正好是一个农历月，很准的哦！

其实月球的圆缺变化并不神秘，我们知道月球在不停地绕地球旋转，而地球又不停地绕太阳旋转。初一的时候，月球运动到了太阳和地球的中间位置，我们面对的是月球上不受光照的一面，自然也就看不到月球，此时为"朔"；之后月球不断运动，它面对地球这一面受光照面积越变越大，于是在地球上的我们便看到月球从一个"小月牙"变、变、变，变成了"半月"，也就是"上弦月"；农历十五的时候，月球运动到了地球的背面，我们看到的整个月球面都是感光面，我们便看到了"满月"；随后，月球又接着旋转，又慢慢有了背光面面对地球，"下弦月"便出现了……

"十五的月亮十六圆",这句俗语在世间被广为流传,那么它究竟有没有科学根据呢?

其实,老祖宗的话多半还是可信的!据统计,从 2005 年到 2014 年,中秋节前后月球在农历八月十五正圆的只有 4 次,在农历十六圆的有 5 次,还有 1 次在八月十七正圆!月亮为什么会不守时呢?其实这不是月亮的问题,而是我们的时间计量工具——中国农历本身的问题。我们知道,每月的农历初一称为"朔",而那一天月球正好会运行到地球和太阳之间,这时候我们是看不到月球的;农历十五称为"望",此时月球会运动到地球的另一面,我们看到的是一轮满月,每个朔望月的平均周期为 29 天 12 小时 14 分。农历也称阴历,是以月相变化而制定的,它与月球的"朔""望"时间符合十分严密,阳历是以太阳的运动轨迹为依据的,而我们现今所用的农历则是兼顾阴历和阳历的阴阳历。阴阳历的形成是以阴历、阳历各退一步而互相融合的。于是,当我们把农历初一看成是"朔"的时候,"望"的出现也就难免会不准了。

月球绕地球公转的速度也是不恒定的,这其中掺杂了很多的变量因素,时快时慢的月球运动也是导致"十五的月亮十六圆"的原因之一。"望"最晚会出现在农历十七的早上,但是对于肉眼观测的我们来说,其实农历十四到农历十七都可被称为"满月",也都是适合赏月的。

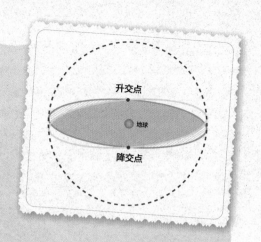

升交点

地球

降交点

53.什么是月交点

月交点是我们要了解月球不得不重点提及的名词，它的存在和移动对我们很多常见的事物都有着超凡的影响。那么什么是月交点？它又是如何影响的呢？

我们知道月球的运行轨道和黄道面之间有着一定的夹角，那么月球的运行轨道面和黄道面之间也必然存在一条交线，月交点指的就是这条交线与月球的运行轨道形成的两个交点。其中，月球运行时穿越黄道进入北方的交点被称为"北交点"，又称"升交点"；与之对应，月球穿越黄道进入南方的点则被称为"南交点"，又称"降交点"。

日食、月食是我们在生活中较为罕见的天文景观，而它们的发生也和月交点息息相关——"食"的发生只能发生在交点的附近。"新月"的时候，月球经过交点会发生"日食"；"满月"的时候，月球经过交点会发生"月食"。

是不是很神奇呢？

白茶，太阳的味道

喜团圆

月光的柔和朦胧给了人们太多的想象，月光为什么如此柔和呢?

月球本身并不发光，它之所以发出光亮都是它的反射光。然而由于月球表面坑洼不平，并且没有反射率较高的东西存在，所以月球上的反射主要是以漫反射为主，也正是这种特殊的反射形式才使得月光看起来没有那么的刺眼。月球的亮度并不是一成不变的，它随着月、地之间距离和日、月之间的角度变化而变化，最亮的时候它的亮度可以达到太阳光的1/375 000，而最暗的时候它的亮度则只有太阳光的1/630 000，平均下来也不过只有1/465 000左右……相当于100瓦的电灯在21米开外的地方的亮度，也难怪这么"昏暗"了。

月球表面的特点注定了它不能成为一个好的"传光使者"，反光率最高的高地和环形山也不过只反射17%，而月海则只有6%左右，也正是这相差的11%才使得远远望去它们"泾渭分明"。月球整体反光率只有7%，这是月光柔和的一大原因。

55.月面上神秘的红光是怎么产生的

提起月亮，相信大家脑海中呈现的都是那一轮皎洁的白玉盘。然而有的时候我们会惊奇地发现银白圣洁的月亮上面披上了一层厚厚的红光，整个月亮望上去猩红一片，十分诡异。难道这就是传说中的天降异象吗？如果不是，这又是如何形成的呢？

其实，这并不是什么异象，而是一种原理十分简单的天文现象。我们知道月球本身并不会发光，它之所以会看起来十分明亮全是在反射太阳光，而太阳光是由赤橙黄绿青蓝紫七种原色混合而成的，但我们看到什么颜色主要取决于是什么颜色的光反射到我们的眼中，比如大气中的尘埃会散射短波的光，也就是蓝紫光，所以天空看起来是蔚蓝色的。而七种原色中以红光的波长最长，它受到大气中微小分子散射的影响也最小，穿透性最强。所以，在某些特定的时刻，当浓厚的大气层吸收掉波长较短的其他六色之后，映入我们眼中的就是这颗奇特的红色月亮了。

红色月亮有时候还会伴随月食共同出现。如果你有幸遇上的话，可千万不要错过哦！

月食是少数可以不借助仪器就可直接欣赏的天文景观之一，但大多数人对它却并不是很了解，甚至还和"月有阴晴圆缺"混在一起，那可就贻笑大方了！

在天文学尚属萌芽阶段的时候，月食对人们来说可是十分神秘的存在！在中国古代，人们便认为月食是"天狗在吃月亮"。为了保卫月亮，每逢月食，所有人都会敲锣打鼓地上街意欲吓跑"天狗"，几个时辰之后月食结束，一场轰轰烈烈的"月亮保卫战"才宣告结束，此举在中华大地绵延了数百年之久……并不是只有东方人敬畏月亮，16世纪初，哥伦布的环球航行到牙买加地区遇到了麻烦，他们和当地土著发生了十分激烈的冲突，哥伦布和他的手下被围困在一个角落，危在旦夕！危急之时，哥伦布就是利用了月食来吓退了土著：精通天文学的他知道当晚要发生月食，于是恐吓土著们要"拿走他们的月光"。土著们起初并不上当，但当月食出现、天地一片黑暗时，土著们害怕了，以为哥伦布是神明的化身。于是，"神"一样的哥伦布脱离了险境。

其实我们常说的"阴晴圆缺"和月食并不是一回事，前者指的是一个月内月亮的月相变化，从"朔"到"上弦月"到"望"再到"下弦月"为一个循环，它的变化较月食来说较为缓慢。月食是一种特殊却并不罕见的天文现象，在月球运行到地球的背面时候，地球会挡住一部分照向月球的太阳光，于是地球背面的人便会看到圆圆的月球突然少了一块，甚至完全没有了！但是一段时间之后（一般为几个小时），月亮就会圆润如初了，月食也就结束了。

月食有很多种，形成原因各不相同，接下来我们会为大家细细讲解。

月食现象是一种受关注度较高的天文现象，每年最多只会发生三次月食，有的年份甚至可能一次都没有……每次月食的出现都会在社会上掀起一轮"月食"热，那么究竟如何观测月食才能达到较好的效果呢？

世界上关于月食最早的记录是在公元前 2283 年的美索不达米亚，而中国最早的记录则是汉代的张衡完成的，通过记录他正确地推断出了月食的形成机理，这点让我们不得不赞叹古人的聪明才智。"站在巨人肩膀"的我们早已不必再去费神去探究它的原理，只需要满足自己小小的"猎奇心"便可以了。肉眼观测算是最简朴也最方便的观测方式了，虽然也可以粗略地看到月食的发展过程，但是月亮细微的色调变化和月球表面的情形却难以看清，所以肉眼观测并不十分过瘾。折射望远镜算是一种中等档次的观测工具，均价在 1 000 元以上，但买它用来观测月食却并不理想，因为有色差是它的一大特点，而这种特点在观测月食时无疑是不能接受的。反射望远镜较为理想，但国内却很难买到，并且价格昂贵、较难上手。双筒望远镜的观测效果和反射望远镜比起来要差好多，但相对亲民的价格却使得它在观测月食的行列中有着一席之地。

月全食的时候，月球表面的颜色和分布会随着月食的进程发生而改变，这点也是大家观测月食的要点之一。有心的观测者更会随时记录本次的月食全况以备下次比较，所以说观测月食还是很有"讲究"的哦！

月食的情况较为复杂，大体来分可以分为月偏食、月全食和半影月食三种。其中，月偏食是三者中发生次数较多的一种。下面就让我们来了解一下月偏食的相关知识。

地球在太空中不断地接受太阳光的照射，在其身后也有一个巨大的"影子"紧紧地跟着，月球在不停地绕着地球旋转。而我们今天要讲的月偏食就是月球转进了地球的"影子"时形成的。月偏食的进行有着一个既定的过程，而初亏则标志着月食正式开始。月球转啊转，第一次与地球的"影子"相切时就是初亏。之后月球自东向西慢慢地进入了阴影当中，当月球的球心进入到距离地球"影子"中心最近的时候被称为食甚。食甚的时候月球并没有完全进入阴影，此时在地球上依然可以看到一个弯月的形状，并且月球的表面还会呈现一种奇异的红铜色或暗红色，那是太阳光在大气层中发生折射的结果。之后月球继续运动，当它第二次与"影子"外切的时候，我们称之为复圆，而复圆的出现也标志着月偏食正式结束。

月偏食的程度用食分来表示，而食分的大小就是食甚的时候我们看到的月球视直径进入影子的长度和视直径的比值，月偏食的食分永远都小于1。

59.什么是月全食

与月偏食相比，月全食要罕见和壮观得多。据观测数据显示，每世纪中发生月食为月偏食的概率为36.60%，但发生月全食的概率却只有28.94%。

月全食也是月球运转到地球的"影子"时形成的，不过它的进入是完全进入，这也是它和月偏食的最基本区别。初亏同样是月全食开始的标志，此时的月球与"影子"第一次外切。月球继续转啊转，居然把自己整个都转进了"影子"之中！此时的月球第一次与"影子"内切，我们称之为食既。食既之后就是我们之前知晓的食甚了，食甚之时同样是月球球心与"影子"中心最接近的时刻，不过月球虽然在此刻全部都落在了地球的"影子"之中，但并不意味着在地球上的我们便一点也看不到它——我们依然可以看得到它或暗红或铜红的轮廓。食甚之后，月球继续运转，当它第二次与"影子"内切的时候便有了一个极好听的名字——生光！生光之后月全食便结束全食阶段了。复圆同样是月全食的最后一个步骤，此刻月球与"影子"外切，月全食宣告结束。

月全食的程度同样用食分来描述。食甚的时候，如果月球恰好和地球的"影子"吻合得严丝合缝时我们称食分为1;而若食甚之时月球全然落入"影子"之中并且不内切的时候，食分大于1。所以显而易见，月全食的食分通常都大于或等于1。

60. 日食是怎么回事

日食和月食在大家看来就像是一对孪生兄弟，月食的基本情况我们已经有了大概的了解，那么关于日食大家又知道多少呢？

日食和月食都是光沿直线传播形成的产物。如果太阳、月球和地球在某个时刻恰好三点一线，而月球的影子又稳稳地落在了地球之上，那么身处"月影"中的人们有福了！因为他们将能目睹那壮观的日食景象了。

日食分为四种：日全食、日环食、全环食和日偏食。相比较于月食动辄几个小时的观赏时间来说，日食持续的时间要短得多，其中日全食的持续时间不会超过 7 分 31 秒，而日环食的持续时间则不会超过 12 分 24 秒，所以说日食要比月食罕见得多哦！如此罕见的奇景，自然就不乏疯狂的追随者，曾经法国的一位天文学家为了获取更长的观测日食的时间，甚至还动用了超音速飞机，上演了一场现代版的"夸父追日"！乘坐超音速飞机进行观测的效果也是极其明显的，该天文学家由此获得了长达 74 分钟的观测时间……

日食的发生条件也是十分苛刻的，首先该时间一定得是农历初一；其次，太阳和月球都必须移动到白道和黄道的交点附近，并且太阳离该交点还得有一定的角度。所以，日食不易，且观且珍惜啊！

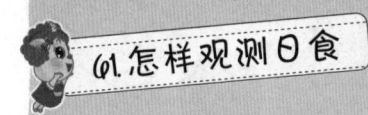

如果说月食是难得一见的话，那么日食就是超级罕见了，很多人一生所见的日食也屈指可数。面对如此珍稀的天文奇观，更加科学高效的观测是十分必要的。那么在观测日食时需要注意哪些事项呢？

接下来我们就来讲解一下日食观测的一些注意事项。

首先，直接用眼睛观测是绝对不可以的！你可能会说日食期间太阳的亮度会减弱很多，但减弱后的日光依旧足以伤害你的视网膜！其次，有些人会在日食时拿出太阳镜或墨镜来观测，这是不是可行呢？答案依旧是否定的！不论是太阳镜还是墨镜都有聚焦的特性，有可能使你的视网膜受到伤害。此外，有人使用蜡烛熏玻璃片的土方法进行观测。这种方法有很大问题，不能保证观测安全。所谓的"水盆倒影法"同样不太靠谱。

那么怎样才是观测日食的正确方法呢？最简单的方法是自制孔式投射装置，利用小孔成像原理进行观测。注意，这种方法可不是透过小孔直接看太阳，而是在一纸板上做一个小孔，让阳光直射小孔，投射到其他界面上进行观测。也可以利用望远镜在地面的投影来观测，但千万不能拿望远镜直接观看日食。如果想直接抬头看，就需要借助其他工具了。比如电焊工用的焊接护目镜（14号或以上）。如果想利用相机或望远镜进行观测，需要配备相应的太阳滤光镜（如巴德膜）。这些滤光镜覆盖有金属膜，可以安全地观测太阳。

值得一提的是，有人曾说日食期间太阳会发出特殊的对人类危害极大的宇宙射线，这种说法是十分可笑的谣言，并没有科学依据，大家不要相信。

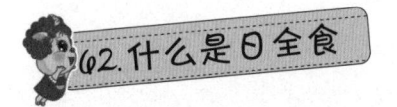
62.什么是日全食

日全食是所有日食种类中较为罕见的，同时也是古人认为最为神秘的一种。那么日全食是如何发生的？它的过程又是如何变化的呢？

同月食一样，日全食发生的过程也可以用食相的不断变化来描述。日食开始于初亏，在我们看来，月球的运动速度要比太阳的运动速度大得多，所以日全食过程中我们看到的是月球自西向东遇上了太阳，而月球的东边缘和太阳的西边缘相切的时候就是初亏。初亏之后，月球继续行进，当它的东边缘也与太阳的东边缘相切时则被称为食既，食既的发生标志着日全食的正式开始，在此期间，由于月球遮挡住了相当一部分的太阳光，所以日食区的人们会感觉到阳光的强度甚至当时的温度都会有明显的改变，而这也会引起一些动物的烦躁和不安，所以日食期间也要对周围的动物稍加警惕。食既之后就是食甚，食甚指的是在我们的视野中月球的圆心距离太阳圆心最近的时候。月球继续运转，当它的西边缘与太阳的西边缘相切时就是生光，生光的出现预示着日全食的结束，而从食既到生光的时间也十分短暂，一般只有 2～3 分钟，最长也不过 7 分 31 秒，或许这也是日全食之所以著名的原因之一吧。生光之后就是复圆，同月食一样，我们不再赘述。

日全食对日、月、地三者的位置要求十分苛刻，要月球那娇小的身体能够盖住庞大的太阳，这点本身就非易事！上一次中国境内可见的日全食发生在 2009 年 7 月 22 日。科学家预测下一次在中国境内可观测的日全食景观于 2034 年 3 月 20 日日落前会在西藏、新疆一带出现。

63.观测日全食时看什么

日全食是一种相当壮丽的自然景象，相对其他几种日食来说，它的天文观测价值也最大，所以它受到天文学家和天文爱好者的重视，也得到了普通民众的喜爱。经常有游客和天文爱好者特地借长途旅行观赏日全食。那么，当我们观测日全食时，除了看日食形成发展的过程，还看什么？

日全食形成食甚的前后，还有一些相当罕见且壮丽的现象，比如贝利珠。在太阳完全被月球挡住之前或之后，月球边缘会露出一个角的光亮，如同璀璨的珍珠一般。这一现象是由英国天文学家弗朗西斯·贝利发现的，因此得名贝利珠。该现象的形成是由于月球凹凸不平，月球上凹下去的部分会露出太阳的光亮，在我们看来就是一颗颗"珍珠"闪耀着光芒。有时，贝利珠只有一颗且比较大，加上太阳的色球层，整个看起来就像一枚钻石戒指，这种现象称为钻石环。2009 年 7 月 22 日，中国的长江中下游出现了一次罕见的贝利珠日全食，而其中的贝利珠现象却仅仅出现了 2 秒不到！而在食甚的时候，我们还能观测到太阳本身的一些组成部分，比如日冕、日珥……

据科学家测算，月球环绕地球的轨道以每年增加 3.8 厘米的速率远离地球。估计 6 亿年之后，地球和月球的距离会增加两万多千米。这意味着，当太阳、月球、地球处于同一直线即发生日食时，从地球上看，月球不能完全挡住太阳。因此，地球上不会出现日全食。当然，这个日子离我们太过遥远，现在我们还不用担心。

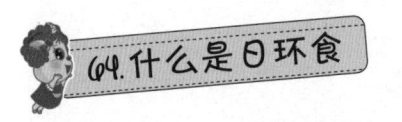

64.什么是日环食

我们知道，月食有月全食和月偏食，日食却多了一个日环食。日环食是什么样的？难道就像它的名字一样，是一个圆环？

日环食是日食的一种，发生的时候太阳中央黑暗而边缘却依旧光芒四射，就像一个光环悬挂当空，日环食也由此得名。日环食的形成原理和日全食相似，只不过是月球的位置要相应地更加靠近太阳一点，位置的改变导致月球不能完全遮住太阳，于是日食当中那璀璨的环食便出现了。

之前我们提到过，太阳照向月球，月球背光的一面会形成阴影区，阴影区透射到地球上，地球上的阴影区就能看到日食了。科学上将月球的阴影分为三种：本影、半影和伪本影。日环食发生时，月球的位置更加靠近太阳一点，这样离地球相对较远，本影无法投射到地球上，只有半影和伪本影。处在伪本影区的人们看到的就是日环食了。

好奇的你可能会问：当地球表面与月球本影的尖端非常接近时，地球上会是什么情形？这种情况其实形成了另一种日食：全环食。在一次日食中，有的地方是日全食，有的地方是日环食。全环食是一种发生概率很小的日食。新世纪以来，全球共发生 224 次日食，其中日全食 68 次，日环食 72 次，而全环食只有 7 次。

65. 什么是日偏食

日食种类中有一种会出现在每一次的日食过程中，无论发生的是日全食还是日环食，每次都会出现的就是日偏食！为什么这么说呢？日偏食又有什么特点呢？

日偏食是最为常见的日食现象，因为在日全食和日环食中，除了食甚的那很短的时间之外，其他的时间都可以认为是日偏食时间。日偏食的步骤较少，只有三步，首先是初亏，当月球自西向东遇到太阳并用其东边缘"蹭住"太阳的西边缘时就是初亏。之后，月球继续奔跑，当它的中心距离到达日面中心最近的时候就达到了第二个步骤——食甚！对于日偏食来说，食甚的时候就是太阳被月球遮的面积最大的时候。食甚之后，日食逐步走向下坡路，当月球继续运动到它的西边缘与太阳的东边缘相切的瞬间就是复圆，之后，太阳开始缓慢露出原形，阳光继续普照大地，日偏食结束。

日食中也有食分之说，它表示太阳的视直径被月球遮去的部分占原视直径的比例。日偏食和日环食中食分都是小于 1 的，而日全食的食分则可能等于或大于 1。

66. 古人是如何认识日食的

日食的原理在今日早已不是秘密，而在自然知识还不那么发达的古代，我们的祖先又是如何认识日食的呢？

关于日食，中国的观测历史最为悠久，单单是有文字记载（不含甲骨文）的日食次数就已经超过 1 000 余次！而早在公元前 2300 年前，中国就已经有了当时世界上最为先进的天文观象台，并且从那时开始我们的先人就留意到了日食这一独特的天文现象。历朝历代以来，中国都设立了专门的观象台，并且有专人来留意和预报日食，据传夏代还曾有一位天文官员因醉酒漏报日食而被斩首示众！其重视程度可见一斑。虽然中国古代天文知识较为发达，但这并不足以消除人们的封建迷信思想，以致中国民间在很长的一段岁月里都把日食认为是天狗吃日。

对日食的蒙昧并不只有古代中国，公元前 6 世纪的一天，两河流域的米底和吕底亚两族开战，激战正酣之时日全食发生了，太阳突然不见了！惊恐的两族人民认为这是上天的警告，于是匆忙讲和通婚了事……其实世界各地除了大溪地人民把日食看作是积极的暗示之外，其他地方都认为该天象是灾祸的象征。也正是这千百年来的口口相传，才使得人们对日食有了一种近乎天生的敬畏。

恐怕连太阳和月球都不知道它们的"无心之举"竟在世间引起了如此大的影响吧！

67.地球和月球的物质构成相同吗

关于月球的形成，科学界有很多种假设，但无论是分裂说、同源说还是碰撞论，月球上的物质构成都应该和地球上相差无几，但事实上是这样吗？

地壳中的氧、硅、铝、铁、钙、钠、钾、镁占98.04%，而其他80多种元素仅占1.96%；而月壳中主要含有铀、钍、钾、氧、硅、镁、铁、钛、钙、铝及氢等元素，所以单单是从元素组成和含量比来说月球和地球还是有很大区别的。此外，月球上的岩石主要有三种类型，一种是富含铁、钛的月海玄武岩，一种是富含钾、稀土和磷的斜长岩，还有一种则是粉末状颗粒组成的角砾岩；反观地球，地球上的岩石也有三种——岩浆岩、沉积岩和变质岩。所以从岩石种类上来说，月壳和地壳也是有很大区别的。接下来我们来看看矿产，月球上有丰富的矿藏，其中较为突出的是稀有金属和能源矿物氦-3，同时铁和铝的含量也较为丰富，非但如此，它还拥有地球上都不曾拥有的6种稀有矿物，所以就这一点来看，区别同样存在。

月球上拥有地球上所有的元素，而地球上最常见的17种元素在月表也处处可见，从这些看来似乎二者也有点"同根同源"。

68.地球上为什么会有潮汐

潮汐对于沿海的居民来说并不陌生，每日的潮起潮落滋润了他们的生活，也以恢宏的气势开阔了沿海人的胸襟，让人不由得心生敬畏，然而敬畏之余不免疑惑——这翻江倒海的大手笔究竟是由什么促成的呢？

海水的涌动分为两种，一种是水平方向的，称为"潮流"；另一种则是垂直方向上的，我们称之为潮汐。其实是一个组合词，"潮"是白天的海河在垂直方向上的涌动，而"汐"是晚上的海河涌动，古人在很久以前就把它们组合在一起并称"潮汐"。潮汐分为多种，按照潮汐的周期可以分为半日潮型、全日潮型和混合潮型。其中，半日潮型指的是一天之中出现两次高潮和两次低潮的潮汐，中国的渤海、东海和黄海的潮汐都属于这种情况；全日潮型指的是一天之中只能出现一次高潮和低潮，中国南海的北部湾、渤海的秦皇岛都属于这种情况；混合潮型则全然不同，在一月之中有一部分为全日型、一部分为不规则的半日型，这种情况在中国则主要分布在南海的一些地区。

潮汐的成因较为复杂，但主要是由月球和太阳的特殊引力引起的，但出乎意料的是月球的引力才是引起潮汐的主力，并且二者引起潮汐的作用力之比为 11 ：5，差距十分明显。

潮汐不仅发生在海洋上，与大海相通的河流也会随着海潮发生河潮。气势宏大的钱塘江大潮就是属于这种情况。

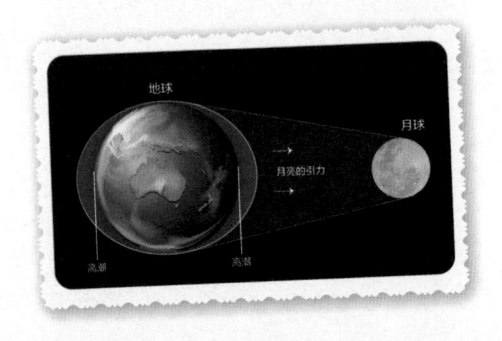

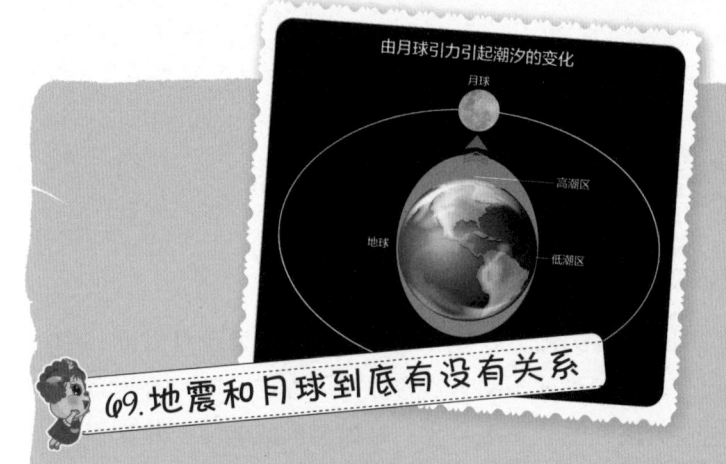

由月球引力引起潮汐的变化

月球

高潮区

地球

低潮区

69.地震和月球到底有没有关系

地震恐怕是对人类危害最大的天灾之一了，它的突发性和巨大破坏力让所有经历过它的人都心有余悸。但相信很多人不论怎样都不会把它和万里之外的月球联系起来。事实上，它们或许还真的有关联哦。

地震和月球到底有没有关系？这个问题其实早在很久以前就成为科学家们的研究课题，但由于距离和地震的突发性使得这一研究的进程极慢。近期，日本防灾科学研究所和美国的加州大学研究小组终于对这个困扰科学家很久的问题给出了相对令人信服的答案，答案的钥匙就是潮汐！

我们已经知道由于月球独特引力的作用，使得地球上有了恢宏的朔望大潮，动辄几米甚至十几米高的潮水来去都声势浩大。日本的防灾科学研究所经过对全球发生的超过里氏5.5级以上的2 207次地震进行了统计，数据结果很明确地证实了潮汐确实和地震的发生有着很大的关联性，也就是说月球和地震确实有着较为隐秘的联系。该联合小组最终给出了中肯的结论——潮汐并不是地震的成因，但它却极有可能是"压倒骆驼的最后一根稻草"！

地震的成因至今仍如乱麻一般，虽然大多数地震都是由大陆板块之间碰撞引起的，但太多的关键因素都加入地震的形成之中，使得我们"剪不断，理还乱"。潮汐对地震的影响是我们在地震的研究中迈出的坚实一步，相信我们终有理清关系的那一天！

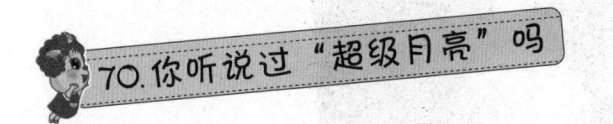

70. 你听说过"超级月亮"吗

到底什么是"超级月亮"呢?

2011年3月20日2时10分,19年来最大最圆的月亮现身天际,中国境内只要天气状况良好便都能一睹其真容,媒体称这次的月亮为"超级月亮"!那么这超大超圆的"超级月亮"是如何形成的呢?其实很简单,原因颇有点两小儿辩日的意味,我们知道月球环绕地球公转的轨道是一个椭圆,其中距离地球最远的时候有405 500万千米,而最近的时候则为363 300万千米左右,差了5万千米左右!而就在这月球距离地球最近的时刻又恰逢月满之日,于是"超级月亮"便出现了!

2011年出现的"超级月亮"亮度要比平时高上30%左右,而视觉中其半径要比平时的大14%左右。但天文学家却说,其实最大的满月和最小的满月人眼几乎是难以分辨的,因为没有两者的实时比较,仅靠记忆来比较很难有较好的效果。但这并不是说此次的"超级月亮"就毫无意义,最起码亮度的大幅提高使得地球上的人们即使是仅靠双眼也能清晰地看到明暗相间的月面,煞是好看!

"超级月亮"近年来并不罕见,从2010 ~ 2014年,每年都有一次机会能看到这种盛况。最近的一次超级月亮是2016年11月14日的满月。

71 "超级月亮"真的会带来超级地震吗

2011 年3月20日凌晨，"超级月亮"现身天际，在人们为如此壮观奇景拍手称赞的同时，我们也能听到不同的声音，那就是网络盛传的"超级月亮"会带来一系列的自然灾害。传闻是真的吗？

有些网友很有心，他们很仔细地查阅了之前出现"超级月亮"的年份所发生的事情，并成功发掘到1955年、1974年、1992年、2005年包括2011年这一次的所有"超级月亮"时间都伴随着强烈地震、火山和海啸等自然灾害的发生，甚至2011年3月11日日本还出现了罕见的7.9级大地震！再联系到"超级月亮"的出现本身就是月球距离地球位置最近的时候发生的，所以引力的增大必定会引起一系列的"连锁反应"……如此看来，灾害论也并非空穴来风。

但是，看似无懈可击的推论在天文学家眼中却是漏洞百出。首先，"超级月亮"年出现自然灾害本就是大概率事件，因为几乎没有哪一年地球上是平稳度过的。其次，月球运动到距离地球近的地方确实会造成引力的增大，但这种引力的增大却只会影响到地球上潮汐的变化，使得低潮更低，高潮更高，并不能引起地球上大陆板块的变化！

72.月球会影响地球上的天气吗

太阳是万物之灵，是它给了生命赖以生长的基本条件，地球上天气的变化也与它息息相关！那月球对地球上的天气变化有没有贡献呢？

答案是肯定的，而且还不小哦！

我们知道，地球上之所以有四季，四季之所以有相对较为平稳的温度变化，月球功不可没。我们知道，地球的自转速度越快，每年的温差越大，冬季越冷，夏天越热，甚至连两极的冰川都要每年融化一次，地球形成初期就是这样的。是月球改变了这一点——月球是距离地球最近的天体，相对来说它对地球的引力也最为突出；正是这难得的引力使得地球上有了每天固定的潮汐变化，而巨大体积的海水潮汐不断变化就像是为地球的自转安装了一个大型的"刹车片"；漫长的岁月过去了，"刹车片"日复一日的工作终于使得地球的自转达到了一个相对较为合适的速度，于是有了四季，于是有了四季周期性的温度变化。目前这种刹车作用还在继续，而作为代价，月球也在缓慢地远离地球……

除了对季节的贡献之外，月球也对地球上每月的天气变化贡献了一份力量。在太阳和月球的共同作用之下，农历每月的初十到二十五之间温度普遍较高，降水较为充沛；而二十六到次月初九之间则气温较低，降水较少……

73. 月球会影响地球上万物繁衍吗

月球能减缓地球的自转速度，能引发地球上的潮汐，能形成地球上的四季……那它会不会影响地球上的万物繁衍呢？答案是肯定的！

首先是对人的影响，我们知道人体的 80% 都是水分，而精神病学家认为月球在引起地球上潮汐变化的同时也会影响人体身上的"生物潮"，其表现就是满月之时人会特别容易激动、情绪失稳，而朔日则要显得冷静得多，而这就导致那些精神病人通常会在满月之日发作。其次是对其他动物的影响，加利福尼亚的滑银汉鱼算是受月球影响较大的动物之一了。在每年的 3 ~ 7 月，每个朔日和满月夜晚，滑银汉鱼都会成群结队地随潮水涌上沙滩进行交配，并把受精卵留在沙滩上以避免天敌的捕杀。半月之后，小滑银汉鱼出生，而此时又恰逢大潮，于是小家伙们便又搭着顺风车返回到大海之后继续生长……最后是月球对植物的影响，科学家经过研究得出了惊人的结论——包括玉米、向日葵等在内的诸多植物在月光下生长情况会格外良好，而如胡萝卜、茄子、南瓜等植物则分别适合在上弦月、新月和满月时播种，也就是说月球对植物的生长也有着千丝万缕的联系。

74.未来的地球和月球会怎样

地球和月球已经在太空中"长相厮守"漫漫数十亿年。对于地月系统来说，联系和影响早已深入骨髓般地渗到了各个方面。那么未来的它们会怎样？会继续"恩爱"下去吗？

月球直径约为地球的 1/4，体积约为地球的 1/49，质量约为地球的 1/80，重力约为地球的 1/6……这就是地球的唯一"小弟"，虽然它的表面积才不过只有地球上的亚洲一般大小，但却用独特的引力显著地影响了地球的自转周期、气候、四季、潮汐、生物……虽然兢兢业业，但月球和地球的关系却无时无刻不在发生着变化——10 亿年前，月球距离地球更近一点，那时的它环绕地球一周仅需 20 天，而地球上的一天不过只有 18 小时，并且昼夜温差极大，不宜居住。亿万年来，月球都和地球共同环绕着地球地表下 1 200 千米深处的共同引力中心旋转，而自转较快的地球也在随时"拖拽"着自转较慢的"小弟"蹒跚而行。慢慢地，地球的自转变缓了下来，虽然变化的速度极慢，但却慢慢地把地球的自转拖到了一个相对适宜的速度。而根据角动量守恒定律，月球相应地也以每年 3.8 厘米的速度渐离地球……

数十亿年之后，月球终会挣脱地球的"束缚"飘向那无尽的宇宙，那时我们的地球会怎样？人类又会是什么样子的呢？一切都还是未知。

75. 月球离地球到底有多远

我们经常说月球就是距离地球最近的天体，那么这个距离究竟是多远呢？

月球环绕地球公转的轨道是一个椭圆，因此地月之间的距离无时无刻不在发生变化，所以我们通常说的地月距离便分为平均距离、近地点距离和远地点距离三种（需要指出的是，这些距离指的都是月球表面到地球表面的距离，而并非两球心之间的距离）。其中，月球到地球的平均距离为38.4万千米，近地点距离为35.6万千米，而远地点距离则约为40.5万千米，近地点距离与远地点距离相差大约5万千米。

距离光是这么说，大家或许没有什么概念，比较之后才知差距！我们知道离地球最近的行星是火星和金星，其中火星距地球最近约5 500万千米，最远达4亿千米！金星距离地球最近约400万千米，平均距离也高达4 150万千米。而月球呢？平均只有区区38.4万千米。再做个比较，月光从月球表面抵达地球大约需要1.3秒，几乎是转瞬即至；而阳光从太阳出发到抵达地球则需要大约8分钟还要多一点！所以现在你知道月球是距离地球最近的天体这句话真正的含义了吧？

或许也正是地月之间这几乎"触手可及"的距离才使得月球在人们心中占据着那不可撼动的地位，才能使之成为地球人民心中共同的、最亲切的存在。

76.月球为什么不会飘走

月球是地球唯一的天然卫星，亿万年来它都兢兢业业地沿着椭圆形的轨道绕地球公转，那很多人不禁要问：为什么月球没有飘走呢？

我们的世界是一个平衡的世界，而月球之所以能长久地和地球保持着这"若即若离"的状态也同样是受到了平衡力的作用。首先月球受到了万有引力的作用，而万有引力与作用双方的质量成正比、与作用距离的平方成反比，所以总体看来月球所受的万有引力主要来自地球，而这个力的作用效果就像是一条绳子一样把月球拉到地球身边。那么为什么没有出现这种情况呢？这就不得不说到另一个平衡引力的力——离心力，离心力是惯性的一种表现形式，比如我们用绳子拴着一个小球转圈，手会感觉到有一个力在向外拉，这个力就是离心力。离心力的大小与做离心运动的物体的质量及其运动速度的平方成正比，与离心运动半径成反比。于是大体来说，月球便受到了一个背离地球的离心力和朝向地球的万有引力，而亿万年的调整也使得二者达到了今日的平衡，受到平衡力作用的月球自然也就"稳稳"地挂在天空了。

但在潮汐力等一系列复杂力的作用下，月球现如今正以每年 3.8 厘米的速度远离地球，也就是说终有一天月球会离开我们，但那已经是很久很久之后的事情了。

"**超**级月亮"的每次出现都会引起一番轰动，更大、更亮、更圆的月亮总是令人们兴奋不已。然而要达到这个目的只需要月球离我们近一点就可以了。如果那种情况真的出现的话，会发生什么情况呢？

让我们来大胆设想一下吧！假如未来的某天，我们亲爱的月球因某种原因突然靠近了地球……

首先，月球靠近之后会引起地月之间万有引力的急剧增大，依据力的平衡原理，用来平衡万有引力的离心力也需要增大，而要完成这项任务唯一的方法就是月球公转的速度加快！相应地月球绕地球公转的周期就会缩短，也就是说我们农历的每个月的时间将会大大缩短。如果你认为这点无所谓的话，那接着听下去。月球靠近地球之后，潮汐力也会水涨船高，沿海人民每日必见的潮汐会来势更加凶猛，甚至泛滥成灾！我们知道潮汐作用是月球安置在地球上的"刹车片"，如果潮汐力突然增大的话，就相当于使劲踩下了刹车，那么地球自转的速度就会迅速降下来，我们每天的时间相应地会加长。而如果任由这种情况发展下去的话，会严重影响地球上的气候，万物生灵可能就会迎来新一轮的大洗牌……

这还是乐观的说法，悲观地说，如果月球因某种原因脱离轨道突然靠近地球，挣脱了亿万年来形成的平衡束缚之后，它甚至可能会一头扎向地球……你还希望有朝一日看到比"超级月亮"更大、更亮、更圆的月球吗？

如果没有了月球，我们的地球会怎样呢？

首先，入夜的时候会不会到处都是漆黑一片呢？答案是否定的，因为月光虽然说可以为晚上增辉不少，但是即使没有它，漫天的星光依旧可以为你点亮黑夜。其次，潮汐也同样不会消失，我们知道潮汐力的本质就是万有引力，而激发地球上的潮汐力除了月球之外还有一部分来自太阳，月球跑了之后太阳也能扛起潮汐的重任，只不过每日的潮汐或许会变小很多。四季受的影响可能较少，如果现在失去月球，四季则依旧会持续下去。月球消失了，对地球还有其他的影响，比如地球的自转速度就会加快

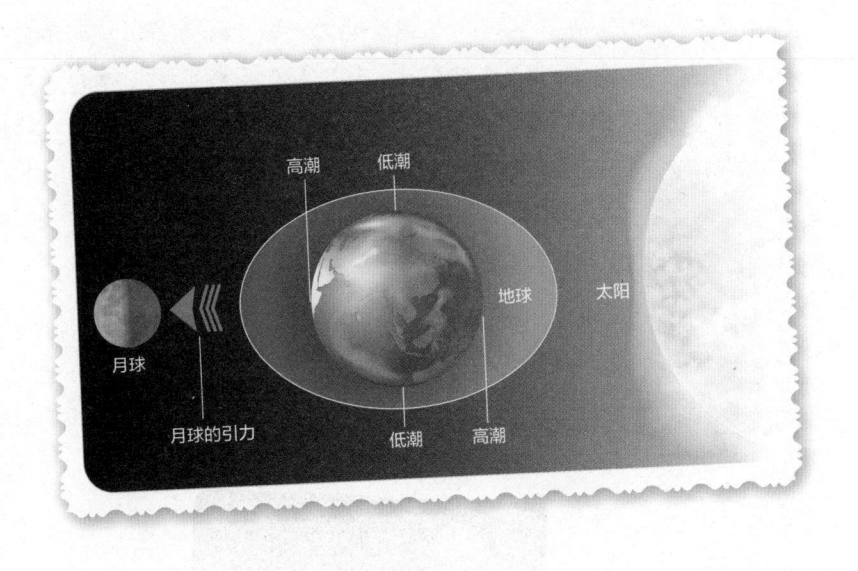

好多。我们知道地球之所以能从起初时的一天10小时变成现在适宜的24小时，很大的功劳就是月球，而自转速度的加快就会导致地球上冬天更冷、夏天更热，甚至连极地的冰雪都会每年融化一次，其结果是灾难性的！另外，亿万年间，月球像盾牌般称职地替地球挡下无数陨石的撞击，如果没有它，后果同样很可怕……

现在望望天空中的皓月，有没有感觉更加亲切了呢？

从幻想中的"嫦娥奔月"到现今的"嫦娥计划"，从历古的"人前桥"云试划谷国的运载火箭，从历朝的目测观察到今日的卫星实测，从远望月球的遥不可及到"阿波罗11号"的脚踏实地……人类，正迈着坚实的步伐一步步实现历代人的梦想——走向月球。月球从未离开，与地球保持着距离。现在，就让我们一起，沿着人类探索月球的道路走向月球吧！

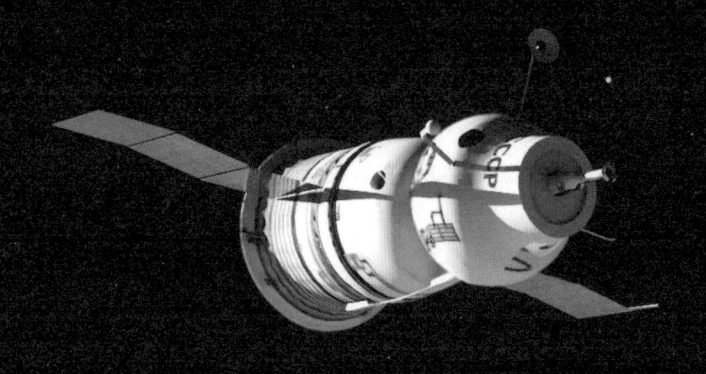

第五章

一步步走向月球

月亮——一个冰冷、荒凉的星球，这是通过现代科技了解月球之后我们对它的一致印象。然而在古代，在那没有望远镜、没有宇宙飞船、没有航拍的日子里，人们又是如何认识这个天空中的伙伴的呢？

没有现代科技的人们面对未知的事物总是会添加上朦胧的神秘色彩，中国的嫦娥奔月、吴刚伐桂就是典型的例子。在古时候的中国，人们认为月球是一片广袤的世外之境，那里有恢宏的广寒宫，有高耸的桂树，还有不知疲倦的吴刚和因孤寂而悔恨的嫦娥、玉兔。披上神秘色彩的月亮是古人心中一个完美的存在，这从历朝历代的诗词歌赋中对月亮毫无保留的赞美就可以看出。古时西方也同样有很多关于月亮的传说，只不过他们都把月亮当成了一个有血有肉的神灵。当然，100 个民族的心中就有 100 个版本的月亮形象。在希腊神话中，月亮女神阿尔忒弥斯是主神宙斯之女，她因错杀爱人而独自升空化作了月亮。而在布依族的神话中传说得更为离奇，远古时期，天上有两个太阳轮番炙烤大地，一个农民刚出生的儿子在家里被生生热死了，气愤的父亲便发誓要射杀太阳以报杀子之仇！终于被他逮到了机会，一箭出去便射瞎了一个太阳的眼睛，而瞎了的太阳便只能晚上出来，也就成为月亮。

或许，所有古人都没有想过，被他们称颂万世、喜爱十分的月亮事实上却只是一片荒凉、广袤的孤寂星球吧……

嫦娥奔月

80. 伽利略对探索月球有什么贡献

提 及探索月球，我们会想到"阿波罗计划"，会想到阿姆斯特朗……还会提及一个不得不提的名字——伽利略，他的大名相信全世界无人不晓。伽利略对探索月球做出了什么贡献呢？

伽利略生活的年代科学尚未开化，就连地球围绕太阳转这个简单的事实都还不被认可。1597 年,伽利略收到了另一个天文巨人开普勒的赠书——《神秘的宇宙》，并由此开始相信哥白尼的日心说，并成为它的忠实拥护者。但狮子也有晃神的时候，收到开普勒的书后他虽然接受了日心说，却对开普勒的行星椭圆轨道并不感冒，因为他信奉柏拉图的圆最完美学说，认为轨道应该为正圆，这点也是让开普勒哭笑不得。1609 年，传闻荷兰的一个眼镜工人制造出了可供观赏的望远镜，这个消息启发了对天文有着浓厚兴趣的伽利略，聪睿的他很快便用常见的风琴管和两片凹凸镜片制成了简单的倍率为 3 的望远镜。有了雏形之后，他的望远镜工程便根本停不下来了！他很快又制造出了 9 倍、33 倍的望远镜。他邀请当时的达官显贵观赏自己的杰作，之后获得一致称赞，并由此成为帕多瓦大学的终身教授。

伽利略的望远镜开拓了人们的视距，是他第一次发现了月球上是凹凸不平的，是他第一次发现了月球上的环形山，是他勾起了人们对天空中那颗最近的天体的狂热向往，也是他叩响了人们走向月球的大门。

皓月当空之际，很多人都曾满怀憧憬地遥望月球，心想自己今生今世如果能到月面上走一遭也不枉此生了！但理想总是很美的，听完第一个登月人的惊险遭遇或许你就不那么憧憬了。

1969 年 7 月 16 日 9 时 32 分，美国"阿波罗 11 号"飞船载着 3 名顶级的宇航员在人们的目送中第一次把航程的目的地定到了月球，那是一个有望改写人类历史的时刻！ 7 月 19 日，登月飞船顺利到达了环月轨道，并成功用肉眼定位了预先选好的着陆点，之后宇航员阿姆斯特朗和奥尔德林在众人的祝福中驾驶着"鹰"号登月器打算缓慢降落，就在此时，意外发生了！登月器上的计算机显示过载警告，他们居然在弹落过程中多飞行了 4 秒，也就是说按当时的速度来讲他们偏离了原定着陆点若干千米远！在地球上着陆或许没什么，你开过去就得了，但那是在万里之外的月球，每一点燃料的浪费都是在燃烧宇航员的生命！千钧一发之际，指挥长贝尔斯权衡之后选择相信他们，计划照旧！阿姆斯特朗解除了自动驾驶，并冷静地用手动装置硬生生地成功着陆！

"鹰"号成功着陆！这句来自月球的汇报瞬间让电视机前的 6 亿观众宽心不少，之后阿姆斯特朗在众人的目光中第一次走出舱门，并说了那句后来脍炙人口的名言——"这是我个人的一小步，但确是全人类的一大步！""阿波罗 11 号"登月成功，其中惊险瞬间还有很多，所幸他们都扛了下来！

火箭是近几十年来才发展起来的空间推送工具，它的出现使得人类第一次有了叫板地外空间的底气，也打开了人类探索太空的大门。然而就是这么一个集各种高端科技于一身的东西却早在500多年前的中国就出现了！这是怎么回事呢？

其实美国和苏联在探索外太空上并不是"吃螃蟹的第一人"，这个桂冠属于聪明的中国人。约公元 1500 年，明朝的士大夫万户是一个不折不扣的"异类"，他平生最大的心愿不是像其他混迹官场的人一样盼望权势滔天，而是把目光投向了深邃的天空——他渴望有一天可以用自己的力量"升天"！说干就干，万户倒真是不含糊，他从市面上买了 47 个当时能造出来的最大火箭，随后把它们一股脑儿地全绑在了椅子上，随后他还做了一件当时人特别不理解的事情——他的两只手里还各自拿了一个大风筝！于是，人们问他："火箭是升空用的，风筝又是干吗的呢？"他说："风筝是用来着陆的。"这句话当时引起了满堂哄笑，但如今听来这话又是多么的睿智！其结果是可以想象的，随着漫天礼花他整个消散在了他所向往的天空之中……

虽然现存的中国史料中尚未发现关于万户的记载，还不能证实历史上是否真的存在万户这个人，但是他的传说已经广为传播。甚至国际组织把月球上一座陨石坑命名为"万户撞击坑"，以此来纪念这位勇敢的"用火箭飞行第一人"。

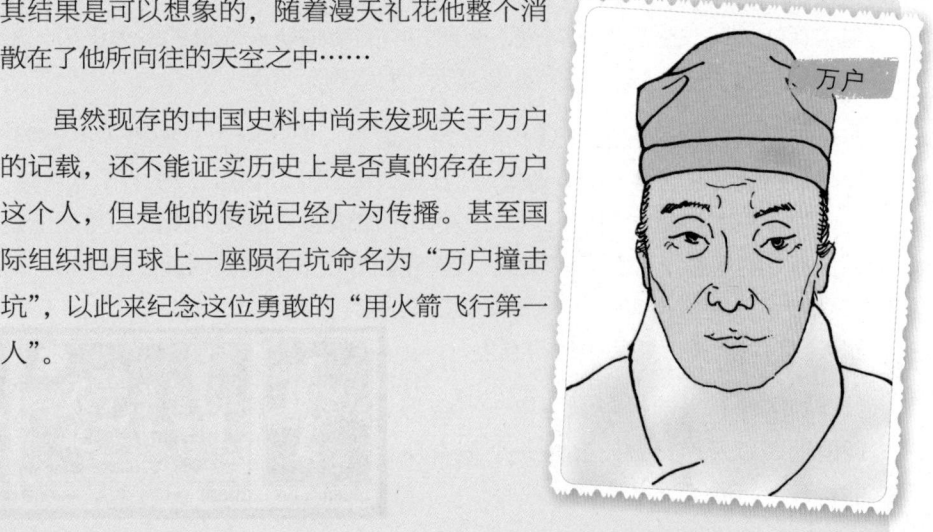

万户

"阿波罗11号"的登月是人类历史上第一次登上月球表面。这一里程碑式的事件受到全世界的关注,同时质疑声也此起彼伏。甚至有人怀疑"阿波罗11号"登月本身就是一个骗局,美国人根本就没有登上月球。

曾服务于美国"阿波罗计划"的比尔·凯恩教授写了一本《我们从未登上月球》的书,瞬间点燃了世界各地对阿波罗的质疑之火。他提出了几个疑点:第一,没有大气干扰的月球上应该看到更加明亮的星星,但从宇航局公布的照片来看,一颗都没有!第二,月表都是粉状的细尘,飞船降落时肯定会留下明显的痕迹,但从照片来看,也没有!第三,视频中的美国国旗"迎风飘扬",这对没有大气来说的月球来讲难以想象。

某位著名物理学家也发表了他的看法:首先,宇航员在舱外一共待了两个多小时,而有专业背景的他则利用阴影的夹角算出,照片的间隔至少是46小时之多!其次,月球引力是地球的1/6,按理说宇航员轻轻一跃至少应三四米远,但照片上看来只有一米左右。再者,登月使用的"土星五"火箭也十分可疑,按照"阿波罗11号"的预计,"土星五"应该能轻松发射上百吨的荷载送上地球轨道,而现如今的美国航天飞机的发射极限也不过20多吨!既然"土星五"如此强大,为何弃而不用?

上面这些质疑听上去似乎非常合乎逻辑,但实际上,都是不严谨的,反映了质疑者缺乏全面的专业知识。比如,在公布的月球照片上看不到星星,是因为相机的曝光时间短;月球上美国国旗能够"飘扬"是因为月球上是近似真空的状态,几乎没有阻力,旗帜完全静止下来需要时间。而作为"阿波罗计划"的执行者——美国国家航空航天局,对此类质疑很少进行回应。

如果你有兴趣,可以搜集一下这方面的质疑以及解释,将会是一个很有趣的科普学习过程。

84. 宇航员在月球上如何移动

人类登月的目的就是探测月球，而如果是探测的话，宇航员仅仅待在一个地方肯定是不行的。那么面对环境完全不同的月球表面，宇航员是如何移动的呢？

首先，月表没有空气，压力不足，所以宇航员如果出舱的话必须穿上重达 90 多千克的生命保障装置，该装置可以保证宇航员在月球表面较短时间内的生存需求。当然，月球上的引力是地球上的 1/6 左右，也就是说在月球上背着 90 多千克的装备跟在地球上背 15 千克差不多，要不然，90 千克累也把宇航员给累死了。接下来是行走，据登月归来的宇航员透露，其实在月球表面是极难一步步行走的，因为引力较小的缘故，所以走在月球表面有一种轻飘飘的感觉，让他们难以掌握重心，相比较来说，一跳一跳地蹦着向前就安稳和快捷得多，这也就是为什么我们看到月表的宇航员都是"跳跃"行走的了。那么既然月球上引力要小得多，是不是就是说在地球上如果你能跳 1 米高、1 米远，在月球上你就能跳 6 米高、6 米远呢？当然不是！引力 1/6 只是理论的计算，一方面月球表面的实际情况要复杂得多，另一方面人的体能也不能保证同地球上一样。

除了跳跃行走外，宇航员最青睐的就是月球车了。这是一种可在月球表面行驶并且可以运载样品的"车辆"，它可以极大地扩张宇航员的活动半径。"阿波罗 15 号"登月时，两名宇航员就曾利用它分别行驶了 27 千米和 35 千米远。

月球岩石

85.什么是月球陨石

陨石是指地球之外的宇宙碎片脱离了原有运行轨道散落到地球表面的混合物质，大都为石质、铁质或是石铁混合质。月球陨石，顾名思义就是源自月球的物质碎片。那么科学家是如何收集和命名宇宙陨石的呢？

加拿大的科学家曾对地球上的陨石进行了长达 10 年的观测研究，经过统计得出每年有 20 000 余块陨石坠落地球，但遗憾的是其中的绝大多数都落在了荒无人烟的地区并"近乎永久"地埋藏了起来，而人们侥幸发现并收集到手的只有不过区区几十块……而这几十块陨石中又有绝大多数来自陨石之乡——一条位于火星和木星之间的小行星带。这个"绝大多数"有多大的比例呢？这么说吧，全世界目前登记在册的陨石一共有 40 000 余块，其中除了来自月球的 40 块和来自火星的 40 块之外，几乎全部都来自这个小行星带……所以说，全世界每年被发现的陨石不过几十块，而从概率上来说，差不过每发现 1 000 块陨石才可能有一块来自月球，你知道它有多难得了吗？

有人说，想要月球陨石那还不简单，直接让登月船多带回来一些不就行了！用宇宙飞船带回来的那是月球岩石，它和月球陨石从研究意义上来说有很大的区别。此外，通过对月球陨石的研究发现，它们中大多数都是早在 20 万~ 100 万年前就已经离开月球，也就是说它们在受撞击离开月球之后并没有立刻落到地球，而是环绕着地球轨道很久之后才终被地球引力征服，进而坠落。

国际法规定，宇宙飞船从月球带回的月岩和在南极洲发现的月球陨石均属于全人类，而在其他地区被发现的月球陨石则可被合法持有并买卖，所以月球陨石是唯一可以合法交易的陨石，这也是其在民间愈加珍稀的原因之一。

86. 在月球上说话，怎样才能让人听得见

太空中的环境极其特殊，在给宇航员带来新奇体验的同时也带来了很多的麻烦，面对面说话无法沟通就是其中之一。那么登月的宇航员又是如何解决这个问题的呢？

首先我们需要重新认识一下所谓的"声音"。声音是靠振动产生的，而它的传播则需要媒介的帮助，这个媒介可以是固体、液体或者气体，不同的媒介传播声音的速度和音质都不同，其中气体也就是空气的传播速度是最慢的。而太空中之所以不能听到声音问题就是出在这媒介上，我们知道，太空是真空环境，而真空则不能作为声音传播的媒介，也就是说声音在太空中可以产生，但却不能传播。有人说，这简单啊，我可以为它搭建一个媒介，比如用我们手工课上玩过的"隔墙有耳"，就是拿两个小皮碗，中间用线连接，说话的时候对着皮碗，声音不就沿着线传到对面去了吗？思路是对的，但是太空中的真空环境到处都是，你如何保证你在对着小皮碗说话的时候里面的空气不会跑掉呢？只要有缝隙，那你的嘴和小皮碗之间就永远都有一层真空隔膜，那是声音永远都无法逾越的……

其实，真实情况是宇航员早已放弃了去搭接媒介这条思路，先进的无线电技术早已成熟，宇航员就是靠它们在太空中进行沟通的。

87.什么是"探月计划"

听说过"探月计划"吗？

发射人造卫星、载人航天和深空探测是人类航天活动的三大领域，而月球相对较近的旅程和丰富的资源自然便成为各个强国争相探测的目标，"探月计划"应运而生！1959年9月14日，苏联的"月球二号"成功登陆月球，成为第一个到达月球表面的人造物体，也正式拉开了人类探测月球的序幕。之后的20年中，苏联先后进行了29次各式各样的探月活动，取得了骄人的成绩！但随着苏联的解体，一切辉煌都随之烟消云散了。虽然进入21世纪之后俄罗斯重启了"探月计划"，但很明显已难重振当初的雄风。作为当初和苏联并称为超级大国的美国，探月计划进行得也是如火如荼。1961年到1972年，美国先后进行了一系列的探月活动，而"阿波罗13号"载人飞船登月成功更是把人类"探月计划"提升到了一个新纪元。但因多种原因，1972年"阿波罗17号"回归之后，美国便搁置了一切登月计划，而这也成为人们对美国宇航员在月球上的见闻广为猜疑的源头。

进入21世纪以来，中国的"嫦娥工程"、日本的"月球女神"、印度和欧洲等的相关探月计划都已开始进行并都取得了初步的效果，相信探月的一个新高潮即将到来！

阿波罗13号

88. 什么是"嫦娥工程"

2004 年，中国正式启动月球探测计划，并命名该计划为"嫦娥工程"！

早在 1959 年，苏联就已成功把"月球二号"送上月球，之后美苏争霸期间，美国和苏联更是争先恐后地把脚步迈向月球。但无奈新中国刚建立，百废待兴，只能在旁做激动的旁观者，而这一旁观就是 40 多年！2004 年，中国终于开启了探月计划。该计划分为"无人月球探测""载人登月"和"建立月球基地"三个阶段。或许是中国的科学家早就憋足了劲儿，"嫦娥工程"一上马便进展迅速——2007 年 10 月 24 日 18 时 05 分，"嫦娥一号"发射成功，在圆满完成各项预定任务后于 2009 年受控撞月；一年之后，2010 年 10 月 1 日 18 时 57 分 59 秒，"嫦娥二号"发射成功，此次发射将在验证直接奔月轨道发射、100 千米近月制动、15 千米变轨和高精度成像等一系列登月关键技术，所幸的是目前它已超额完成任务！2013 年 12 月 15 日，"嫦娥三号"发射并成功实现软着陆，此次登月还将派出"玉兔号"月球车在月球表面巡游 90 天并深层次地查探月球矿产等资源情况……

"嫦娥工程"是中国完全自主创新的工程，它开创了中国深太空探测的新纪元，并且迄今为止 100% 的成功率也令全世界都感到十分惊奇。

"月球二号"探测器

89.第一个到达月球的人造物体是什么

你 知道第一个到达月球的人造物体是什么样的吗?

1959年,重达361.3千克的"月球一号"在苏联成功发射升空,其意图登陆月球,这是人类历史上第一次人造物体近距离造访月球。但不幸的是,这个人类派往月球的第一位使者却出师未捷身先死——它从月球表面7 500千米的地方划过,登月失败!但苏联的科学家却并未气馁,同年的9月12日,重达390.2千克的"月球二号"探测器再次呼啸着冲向太空,并且以3.3千米/秒的速度成功地撞向月球实现硬着陆,这成为人类历史上第一次把人造物送往其他星球!虽然"月球二号"的无线电装置在撞击中彻底损坏,但它还是把月球表面的辐射、磁场状况发到了地球……还不等全世界为苏联的壮举欢呼鼓舞,同年的10月4日,"月球三号"也乘着二号成功的东风冲向月球。有了前两次的宝贵经验,此次发射无疑就稳当得多,"月球三号"于10月7日抵达月球背面,并且成功地拍下了史上月球背面的第一张照片……

苏联的成功无疑对全世界都是一种强烈的冲击,曾经遥不可及的梦想在此刻却变得触手可及!美国随即也启动了"阿波罗计划"紧跟苏联之后,探月计划也随着美苏争霸的步伐正式进入了长达几十年的黄金期!

90. 载人登月的过程是怎样的

载人登月是一个十分复杂的工程，细节繁多，任一细节出现问题都会导致整个登月计划的失败。那么载人登月都要历经哪些步骤呢？

登月的航天器和宇航员是通过运载火箭送往外太空的。登月航天器一般分为三个部分，从上到下依次为服务舱、指令舱和登月舱。运载火箭一般从地面发射，需要克服重力和大气的阻力。为了获得足够的推力，火箭一般分为三级。在抵达太空预定轨道的过程中，会先后丢弃推动火箭的前两级。这里的预定轨道被称为待机轨道。因为航天器并不是直接飞向月球，还要经过几次轨道变换。航天器在待机轨道中经过烦琐而复杂的校验之后，三级火箭再次点火启动，使航天器进入奔月轨道奔向月球！在进入绕月轨道后，登月舱与母船（服务舱与指令舱）分离，母船转向后，指令舱与登陆舱进行对接。在这个过程中，三级火箭会被分离出去。经过一系列绕月飞行后，飞船会稳定在月球的绕月轨道中建立"空中基地"。之后，登月舱会与母船分离，宇航员乘坐登月舱通过下降轨道在月球上实现软着陆，这个环节几乎是所有环节中最复杂也最危险的。登月之后，宇航员会按照预定方案完成相应的科考任务。探月结束后，宇航员发动登月舱丢弃下降级并利用上升级重返母船，并在此完成对接！对接后，飞行器会变轨重返地球轨道。在这个过程中登月舱整个都会被丢弃。而在地球轨道上稍作稳定后宇航员会乘坐母船冲向地球大气层，进入大气层前会抛弃服务舱，指令舱在降落伞的帮助下实现软着陆（落到海洋中）。只有成功完成这一步，登月计划才算完美结束！

说起来容易做起来难，我们所说的每一个步骤都需要大量的科学家夜以继日地工作才能实现，所以，在你为光鲜的宇航员拍手鼓掌的同时也请把你的掌声献给那无数为之奋斗过的幕后工作者！

91.《月球协定》都约定了些什么

随着全球科技的飞速发展，目前有能力发射探测器到达月球的国家日渐增多。但月球却只有一个，如果不加限制，相信终有一天会有人在利益的驱使下做出违背全球和平的事。《月球协定》就是在这个大背景下签署的。那么这个协定究竟做出了什么规定？

《月球协定》全称为《关于各国在月球和其他天体上活动的协定》，由联合国和平利用外层空间委员会监督执行。该协定向全世界宣布月球以及月球资源都属于全世界，但同时又宣称"谁开发，谁利用"。具体内容包括以下几个方面：第一，月球包括环月轨道都只能被用于和平意义上的开发，不允许在月球上使用武力，禁止在月球上设立军事基地和设置、试验、使用大规模性杀伤性武器。第二，月球属于全人类，禁止霸权主义。第三，探索月球要适度，不能打破月球与地球本身的平衡。第四，各国均可以在月球表面和月球表面下进行探索。第五，任何国家不得以各种形式私自占有月球各种资源。第六，各国要有序开发月球，并适度照顾发展中国家。第七，各国均完全具有本国发射的航天器指挥权，但同时也要对缔约国开放以备检查。

《月球协定》缔约的出发点是好的，但截至 2014 年 5 月签署该条约的国家仅为 11 个。中国、英国、俄罗斯和美国均未加入，法国虽已签约但尚未承认，也就是说目前联合国五大常任理事国均未加入。

"阿波罗11号"载人飞船的成功，瞬间引爆了全世界对月球的热情。此后美国又进行了多次登月活动，直到1972年"阿波罗计划"终止。而"阿波罗计划"实施的这11年间，恐怕要数"阿波罗13号"最为惊险，而斯威格特的那句"休斯敦，我们这里出问题了"至今听来都让人心有余悸……

1970年4月11日，"阿波罗13号"按计划发射升空，这是美国"阿波罗计划"中的第三次载人登月。前两次的成功使得人们惯性地认为此次的成功也顺理成章，然而意外出现了！升空后46小时40分02秒时，氧气管接头因老化起火，但未被发现，就这样隐患偷偷地发育了9个小时之久！最先出现问题的是1号储氧舱，电压急剧下降导致报警器响起；两分钟后飞船的遥测功能也出现了问题，高速飞行中的飞船却长达1.8秒没有接受到任何遥测数据！此时，所有人都意识到事态的发展开始失去控制了！而几乎就在报警器再次响起的同时，服务舱中的2号储氧舱爆炸，主电压继续下降并且开始失去控制。斯威格特没有迟疑，他当即向休斯敦指挥中心发去报告——"休斯敦，我们这里出问题了！"这句求救从万里之外的太空随着直播送达世界各地的电视机前，全世界的心也随之揪了起来！但此时飞船已经驶出地球引力范围正冲向月球，而能源不足将会使得他们没有能力挣脱月球引力重返地球！抢救行动开始在休斯敦争分夺秒地进行，最终地面科学家给出了放弃登月任务绕过月球进入自由返航轨道返回地球的最优计划。恐惧、寒冷、黑暗、疲劳这一切都像病毒般侵蚀着宇航员的求生欲望……但所幸，事情开始好转，宇航员按照地面的指示冷静操作，终于绕过了月球并一头扎进了自由返航轨道！

美国在第一时间向全世界发出了请求协助的要求，而包括苏联在内的13个国家也在短时间内做出回应并派出军舰准备组织营救！"砰"的一声，指令舱一头扎进了太平洋，而三名宇航员也在经历了惊天磨难后重新返回地球的怀抱。

"阿波罗计划"是人类历史上最伟大的太空计划之一，它实现了人类的第一次登月并先后送12名宇航员抵达月球。一将成名万骨枯，如此壮阔的行动背后有没有宇航员付出生命代价呢？

荣誉一定是建立在英雄的鲜血之上，"阿波罗计划"也不例外。在1961年到1972年它持续的11年中，"阿波罗计划"一共有三名宇航员光荣牺牲，而且是在同一次任务中，还是在地面上！1967年1月27号，"阿波罗1号"在为之后的发射做最后的测试准备，如果通过，"阿波罗计划"的序幕将正式拉开。下午1时，三名宇航员先后进入太空舱，测试顺利开始；傍晚6时31分，指挥中心的对讲机中突然传来一句急促的求救声——"驾驶舱中出现火警"！所有人为之一动，17秒后对讲机中再次传来一声凄厉的惨叫，通话结束……三名宇航员确认死亡。

事故发生之后，所有人都震惊不已！没有人能够相信三名宇航员就这样在所有人的眼皮子底下逝去了。调查随后展开，原来火警是太空船中一处电线产生的火花引发的，而太空舱中的纯氧环境则使得火情迅速蔓延并失去控制，闭路电视显示宇航员在火警出现的第一时间便试图打开舱门逃生，但太空舱的舱门为了保持密封性都是向内开启的，并且开启程序十分复杂，这就使得开门逃生成为奢望！仅仅17秒钟！三名优秀的宇航员便在浓烟中窒息身亡了……

此次事件被认为是人类航天史上的重大事故，"阿波罗计划"被重新审定并重复检查，改造"阿波罗2号"和"阿波罗3号"的安全性，所幸，之后的"阿波罗计划"中再未出现伤亡事故。

美国"阿波罗计划"从1961年开始到1972年结束，共耗资255亿美元，巅峰时期有2万家企业、200所大学和80个科研机构共计30万人完成参加……而进入21世纪，中国的"嫦娥工程"也强势起步。那么登月究竟可以为我们带来什么？这种行为是不是真的仅仅劳民伤财呢？

当然不是！首先，"阿波罗计划"虽开销巨大，但却推动了美国的液体燃料、微波雷达、合成材料和无线电制导等高新产业的发展，它就像是一个巨无霸的火箭，带动了整个科技的发展，光是高科技专利就有4 000余项随后转向了民用，价值不可限量！其次，"阿波罗计划"对信息的依赖极大地刺激了卫星通信、移动通信和计算机等行业的快速发展，而这则使得美国在包括未来的很长一段时间都将牢牢掌控信息时代的主动权。再次，是潜力价值，月球上丰富的矿产资源、氦-3和无大气影响的光照都令所有国家眼馋，而如果攻克了登月的难题，无疑将使得他们登上了开发月球的制高点，未来前途不可估量！最后，月球旅行现今仍处于构想阶段，但相信随着登月技术的日渐成熟，月球旅行将不是梦想，而登月的诸多先进技术也可以换到军工制造当中，对国防力量的提升也十分显著。

所以说，登月计划虽然花费巨大，但回报还是十分喜人的！

95. 美国"阿波罗计划"为何突然中止

1961 年到1972年，美国进行了如火如荼的"阿波罗计划"，从第一次登月成功的振奋人心到之后登月的轻车熟路，它一步步地把人们对征服月球的渴望激发到了极致，但1972年的时候美国却突然宣布辉煌11年之久的"阿波罗计划"就此结束！一时间震惊世人，究竟是什么原因促使美国做出了这个决定呢？

1961年到1972年，正值美苏争霸的高潮时期，美国和苏联的竞争从军事发展到了经济，之后又在外太空探索上较上了劲——1959年苏联在一年之内先后成功发射了"月球一号""月球二号"和"月球三号"，大国姿态尽显无遗！美国也从中受到了极大的震动，"阿波罗计划"开始悄悄酝酿。1961年，厚积薄发的美国航天局开始发力，1961年到1969年，美国先后把"阿波罗1号"到"阿波罗10号"都发射到了空中，而"阿波罗11号"更是第一次把宇航员成功送到了月球表面，而这也开始了人类探索外太空的新纪元！1972年12月7日，"阿波罗17号"成功发射，并完成了人类历史上的第六次登月，之后"阿波罗计划"终止！

辉煌一时的"阿波罗计划"突然结束给了世人很多的疑问，甚至有人怀疑美国一定是在月球上发现或者见到了外星生物，因恐惧而终止。这种说法至今没有得到美国的承认，但在今日看来，"阿波罗计划"当时也非停不可！第一，耗资巨大，登月是一个面子很足但是短期回报较少的工程，在狂吞了255亿美元之后它终于触到了美国政府可接受的底线。第二，越战爆发，财政支出中心开始朝着军队偏移，而对于"阿波罗计划"这个销金窟来说，没钱就无法运行。第三，接二连三的登月探索已经让美国人民觉得乏味无比，而身为纳税人的他们开始思考把自己的钱投到一个对自己毫无用处的事情上是否划算……

所以说，"阿波罗计划"虽仓促收尾，但细细想来却一点也不突然，至于是否有外星人的影响，或许我们就只能等到档案解密的那一天了！

96. 苏联为何放弃了登月计划

20 世纪60 ~ 70年代是著名的美苏太空争霸高潮期——从1959年1月开始，苏联在一年之中发射了三个月球探测器，并于1961年成功地把加加林送上太空完成人类历史上第一次真正意义上的太空旅行。苏联来势汹汹的太空计划震惊了世人，同时它也被寄予厚望会成为第一个完成登月的国家，但直到苏联解体我们都没有看到那一幕，这是怎么回事呢？

苏联在登月计划上不可谓不用心，为了登月，他们做了各种充分准备——绕月卫星、登月工具、无人月球探测器、先进的登月车包括宇航员的登月服他们都准备好了，但最终却不得不选择了放弃！说起来，苏联的宇航局颇有一种悲情英雄的色彩，他们准备了一切，却始终无法在运载火箭上取得突破。自主创造的N1号运载火箭曾被寄予厚望，它也着实消耗了他们太多的人力、物力、财力，但不争气的N1却不断地出毛病，不是导航系统失灵就是动力系统出错，总之在太空计划中一路领先的苏联在运载火箭上重重地摔了一跤！ 1969年7月16日，凭借出色的土星五号运载火箭，美国第一个成功地把国旗插到了月球表面，胜负立分！紧锣密鼓的登月计划也失去了意义，1976年N1计划下马，苏联放弃了登月计划……

不仅如此，现实还跟苏联科学家开了一个不小的玩笑——1997年，未拆毁的94台N1火箭卖给了美国的一家公司，而稍加改造之后这家美国公司却又把N1成功嵌入进了美国的新型火箭之中，让人唏嘘不已。

97.月球表面的特殊环境能够得到利用吗

提　及月球的利用，很多人第一时间想到的就是月壳中蕴藏的丰富资源。的确，月球上丰富的铁、铝、稀土元素等都是人类垂涎的目标，高效清洁的能源氦-3更是让所有国家都眼红不已，但是除了这些便没有了吗？月球表面的特殊环境本身不就是一项无可比拟的资源吗？

　　月球是距离地球最近的天体，它没有大气层，它的引力只有地球的1/6，它表面每时每刻都在承受着超强的宇宙射线，它昼夜温差极大，它……诸多的特殊条件铸就了不一样的月球环境，如此得天独厚的"宝贝"我们能把它荒废了吗？如果利用又该如何着手呢？首先月球是最理想的前沿观测站，地球上浓密的大气层虽然给了人类足够安全的保障，但同时也成为观测太空的阻碍，但月球表面上却完全没有这个顾虑，天文观测站往那里一建，你将会看到不一样的宇宙！其次，月球的诸多特殊条件也有潜力成为天然的完美试验场，无论是生物方面还是工业建造方面都有着无可估量的前景。再有就是月球可以成为我们探测太空的中转站，有了中转站的各种补给，相信我们人类一定可以飞得更远！还有月球本身的研究价值，宇宙中有太多类似月球般荒凉的存在，而它就是我们的观测对象，如果把月球研究彻底，相信我们对宇宙的理解也会更进一步！

98. 人类如何利用月球上的矿产

月球上矿产资源丰富，其铁矿、稀土元素和氦-3等矿产的数量都已经达到了令所有国家梦寐以求的地步。但是，面对远在"天边"的宝藏，我们究竟应该如何利用呢？

目前月球上的矿产总量依旧没有探测清楚，但即使仅看已探明的矿产就十分惊人了——月球表面5厘米厚的月壤中保守估计其含铁量就已达到上亿吨！而月球表面这种富含铁的岩层平均厚度达到了10米多，也就是说如果有一天我们能在月球上大规模开采的话，那里至少有200亿吨的高质量铁在等着我们！这还不是全部，月球表面的土壤中还富含硅元素，科学家已经研究出了一套行之有效的办法来用它们制造水泥和玻璃。月球表面的氦-3也是被科学家寄予厚望的未来能源，这种高效、清洁、安全的能源已探明的储量就已足够地球上至少用上10 000年。

开采月球上的矿产，前景是十分诱人的，但随之而来的困难也着实不小。要在月球上大规模开采，那就必须建立永久性的基地。但即使是今天最先进的技术也没有能力做到这一点，问题有很多，空气、水、食物等生活必需品都需要从38万千米之外的地球空运，而超强的宇宙射线和太阳风暴都可能随时摧毁脆弱的采矿工人。此外，太空中不断闪掠而过的小天体也不得不防，月球表面那细如面粉的月尘也有可能让你的机械随时罢工……

这也是为什么所有人都知道登月采矿回报优厚却迟迟没有动手的原因——要面对的难题太多了！但科技一直在进步，而地球上矿物和能源的枯竭也会加快登月的进程，相信我们会看到那一天的！

99. 我们以后能生活在月球上吗

月球，曾是那么的遥不可及，移民月球成为一个连想想都是奢望的梦想。但当1969年美国的"阿波罗11号"载着宇航员成功登陆月球之后，那虚幻的梦想再次浮现到了人们心头。未来的人类有可能移民月球吗？

人口爆满、资源枯竭、环境污染、灾难频发……地球终于开始在人类不负责任地索取之后不堪重负，于是一个十分严峻的问题摆在了人们面前——在未来的某一天，地球可能真的会崩溃，那时我们要去往哪里？这不是危言耸听，科学家们比我们更清楚这一点，而他们也早已开始着手准备人类 B 计划！移民月球无疑是一个较为不错的想法，但成功登陆月球并在随身携带装备的保护下存活几天跟大规模移民是完全不同的两个概念，后者面临的难题不胜枚举：首先是水。科学家虽然在月球两极地区发现了固态水，但这些水对于移民的需求来说是杯水车薪。虽然月壤中富含的氧元素可能会派上用场，但前提是我们能在那里建立现代化的工业厂区。其次是食物。科学家早已在太空中做过植物培育实验，证明包括大麦、小麦等 100 种植物可以适应太空中的失重环境，而美国也曾计划在 2015 年派遣太空船到月表"种菜"，此项前无古人的计划如果成功，无疑将会使人们对移民计划更有信心。接下来是能源，月球表面丰富的太阳能和超能的氦–3都可以为我们提供足够的能量……

当然这些并不是说移民行动便指日可待了。虽然各国科学家都在积极地做尝试和准备工作，但运输和月表强烈的宇宙辐射、温度等一系列问题都依旧没有想到有效的解决方案。但事在人为，说不定真的有那一天哦！

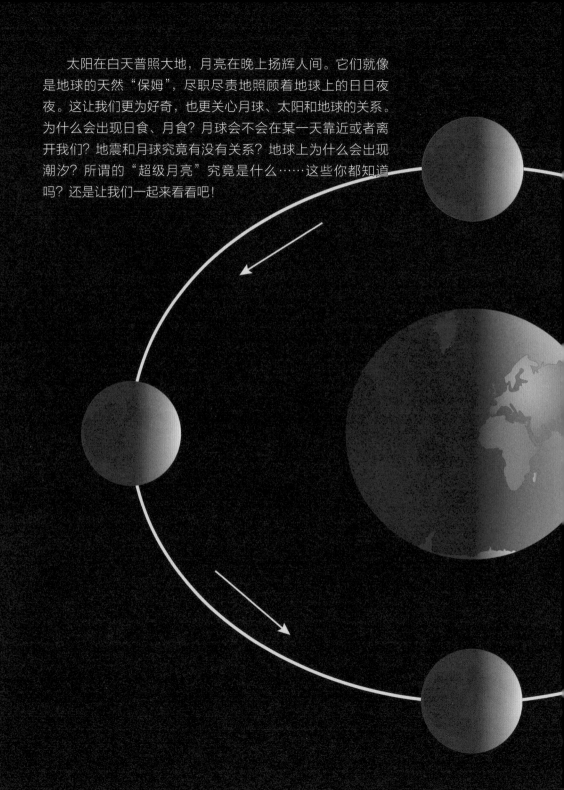

太阳在白天普照大地，月亮在晚上扬辉人间。它们就像是地球的天然"保姆"，尽职尽责地照顾着地球上的日日夜夜。这让我们更为好奇，也更关心月球、太阳和地球的关系。为什么会出现日食、月食？月球会不会在某一天靠近或者离开我们？地震和月球究竟有没有关系？地球上为什么会出现潮汐？所谓的"超级月亮"究竟是什么……这些你都知道吗？还是让我们一起来看看吧！